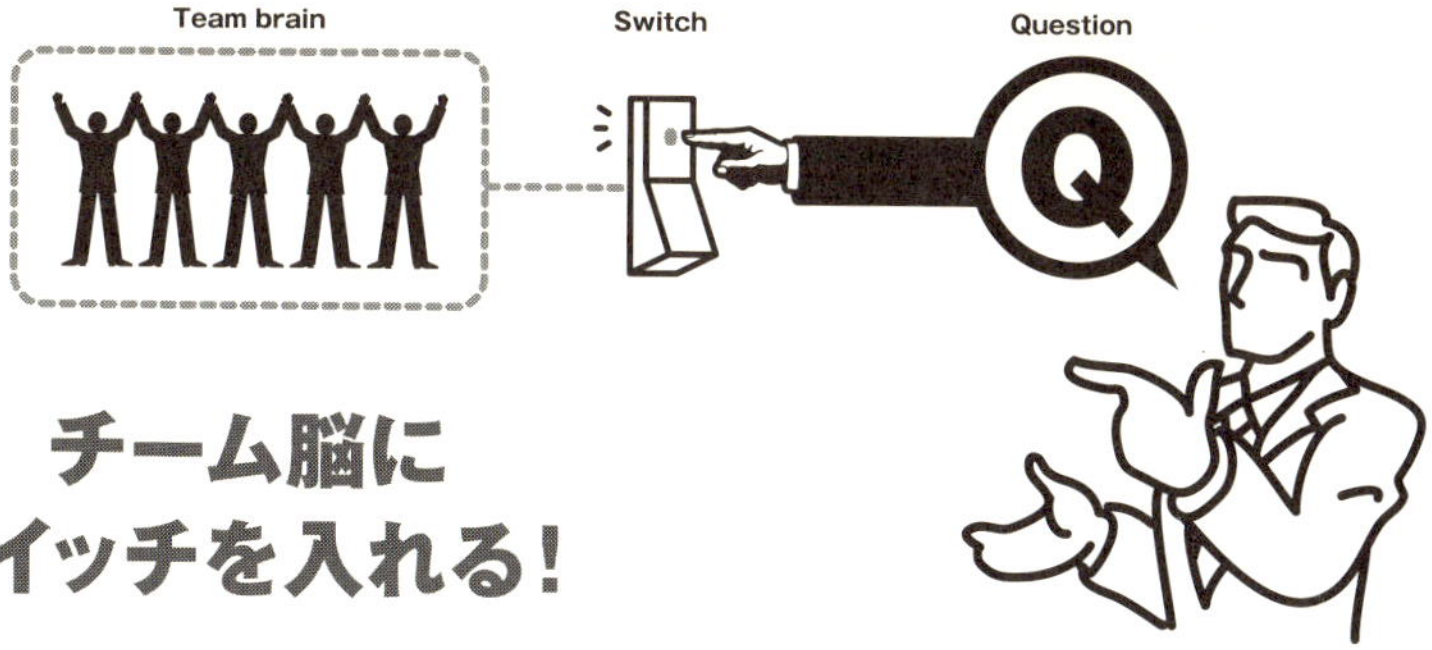

チーム脳に
スイッチを入れる！

質問会議

なぜ質問だけの会議で生産性が上がるのか？

清宮 普美代
FUMIYO SEIMIYA

PHP

はじめに

「今日の会議では、自発的に意見を言うことを禁止します」

上司が突然こう言いだしたら、あなたはどう思いますか。

会議なのに自発的な意見禁止⁉

奇抜な提案にきっと戸惑いますよね。


何を始めようというのか？

会議で意見を言わないで、どうする気なんだ？

何か意図があるのか？


参加メンバーがさまざまな思惑を交錯させるなか、誰かがこうたずねるはずです。

「それでは、どうやって会議を進めるのですか？」

すると上司は、

「まさに、いまあなたがやった方法で進めていこうと思います」

と答えます。

「今日の会議では、誰かが質問して、それに答えるという方法で議論を進めます。発言は必ず『質問』か、その『答え』でなければなりません。つまり、自発的に意見を言うことは禁止です。よろしいですか？」

こうやって、奇妙な質問会議はスタートします。

不思議な光景ですが、これは多くの企業でいま実際に起こっている出来事です。

ですが、本当に「質問」と「答え」だけで会議を進めることができるのでしょうか。

普通、会議といえば活発に意見を述べ、よりよい結論を導き出すものと相場が決まっています。優れたメンバーが集まり、幅広い意見が出れば出るほど、よい会議、生産性の高い会議と考えられますよね。

ところが、質問会議では（自発的な）意見そのものが禁止されてしまいます。

そんなルールを突きつけられれば、「発想はおもしろいけれど、現実的ではない」と考える人がいても不思議ではありません。あるいは、「話し合いが停滞し、会議が成立しないのでは……」と心配になるのも理解できます。

しかし、この手法が多くの企業で採用され、効果をあげているのは事実なのです。

「質問会議」とは私の造語ですが、「アクションラーニング」という言葉なら聞いたことがあるでしょうか。その歴史は半世紀以上ありますが、ここ数年で急速に注目を集めているメソッドです。

実は、このアクションラーニングこそ質問会議のエンジンなのです。

このエンジンを使うと、組織の課題解決を行なうなかで、自分もまわりも成長する仕組みが働きだします。チーム活動が自律的に起こり、チーム内のコミュニケーションも格段によくなる。

おまけに、一人で考えるのではなく、みんなで考えることで、問題解決策もより効果的になるし、何より、みんなのモチベーションが上がります。

今日の問題解決を行なうなかで、明日の問題解決力をつける手法、それがアクションラーニングというものだと言われています。

こんな魔法のような手法……本当でしょうか？

私が初めてアクションラーニングに出会ったのは、１９９９年。米国のジョージワシントン大学大学院に留学し、マイケル・Ｊ・マーコード教授に師事したときのことです。マーコード教授は、リーダー育成に半世紀以上も成果をあげているアクションラーニング手法からエッセンスを抽出し、独自のルールと基本的な運営方法をまとめました。

アクションラーニング自体は、欧米ではすでにその力に注目が集まり、利用も高まっています。

GEのリーダーシップ開発プログラムやワークアウトなどの代表的な導入事例の他にも、モトローラ、ボーイング、IBMなど枚挙にいとまがありません。

日本でも、マーコード教授の実践知が詰まったルールと運営で、マーコード流アクションラーニングであるこの「質問会議」は、トヨタ自動車、NEC、富士ゼロックスなどの企業の管理職研修に取り入れられ、数千人のマネジャーが実践しています。

この手法の展開に際して、2006年、マーコード教授を顧問にアクションラーニングの理解と組織導入の推進を目指して、日本アクションラーニング協会が設立されました。

これまでに公式トレーニングを受けた約250名のアクションラーニング(AL)コーチが輩出され、組織導入時の核になる活動をしています。

しかし、本当に効果が得られるのでしょうか?　あなたは、いま半信半疑ですよね。

なぜ質問だけの会議が生産性を上げるのか?

本書のタイトルになっているこの疑問こそ最大のテーマです。

第1章では、質問会議が何であるか、そして企業や職場で起きている問題に対してどう機能するのかを考えます。そして、いまチームに何が起きているのかを確認します。

第2章では、質問会議の進め方の実際を紹介し、メカニズムを説明します。質問会議の有効性をひもときたいと思います。

第3章では、紙上で実際の質問会議を展開します。具体的にこの会議のイメージができればと思います。同時に、通常の会議（意見を言い合うスタイル）との違いもあきらかにします。

第4章では、質問会議が個人やチームの能力に及ぼす効果を考え、いま必要とされているチームリーダーの条件やチーム力について考えます。

第5章では、質問会議が現場にどのような変化をもたらすかを事例と合わせて紹介します。

もちろん質問会議の醍醐味を理解するには、実践してみるのが一番です。残念ながら「本」という場でそれをすることはできません。

いままでも、一日の説明より実際にやってみて、「なるほど」と納得する人がほとんどでした（私もその一人です）。

ですが、今回はみなさんに書籍を通じて、この「質問会議」をできるだけリアルにわかっていただきたいと思っています。これは、実は、大変な挑戦です。

みなさんも「自分の問題に対して、質問会議がどう効果的なのか？」という問いに答えるつもりで本書を読み進めてください。

そのような関係で本書を通じて、冒頭の会議のようにみなさんとのやりとりができれば、最大のテーマである「なぜ質問だけの会議で生産性が上がるのか」という問いの答えが見えてくるはずです。

このシンプルで、魅力的な質問に答えるべく、本題に入っていきます。

２００８年８月

清宮普美代

もくじ

第1章　なぜ、あなたのチームは機能しないのか

第2章　基本の流れをおさえれば誰でも質問会議ができる

第3章 紙上で体感！ これが質問会議だ

第4章 質問会議で鍛えるチーム力

第5章 質問会議が現場を変えた！

装丁＝齋藤　稔
本文デザイン＝データ・クリップ

第1章

なぜ、あなたのチームは機能しないのか

1 質問会議が生み出すもの

初めての質問会議

ジョージワシントン大学大学院で最初のセッション（質問会議のエンジンであるアクションラーニングでは会議のことをセッションと呼びます）、つまりは「質問会議」をしたときの不思議な感覚はいまでも心に残っています。

そのとき提示されたのは、クラスメイトの会社の複雑で、難解な問題だったのですが、ただ質問を繰り返していくことで、みるみるうちに問題がひもとかれ、輪郭が明確になっていく……。

そして、セッションが終わる頃には、行動可能な計画が私たちの前にあったのです。まさに「目の前にあった」という感覚です。簡単なルールに沿って行なった、シンプルな手法であるだけに、非常に新鮮な驚きがありました。

特に、質問中心でのやりとりは、投げかけられた質問が**「他人の思考」のスイッチを入れ**、それが連鎖してみんなの**思考がスパーク**していくようでした。

多数の質問と回答のやりとりのなかで、どれかの質問（どの質問かは出てくるまでわかりません、また誰も事前に知ることはできないのです）が、チームとしての思考のスイッチを入れ、思考は共鳴しだします。この**共鳴質問**によって**「チーム脳」**が働きだすのです。

このときも、とてもベーシックな質問が、私たちに共鳴を起こしました。

この状態になると、次から次へと問いが生まれます。また、「それが聞きたかった」という質問や、異なる角度からのアプローチがとても自然に自分の思考として受け入れられるようになります。

一人ひとりが考えているより、複数の脳（頭）でいろいろなことを考え処理しているので、考えも深く、多様になる感じでした。提示された問題は、最初とはまったく異なる問題、より本質的な問題として私たちに認識されたのです。

あたかも、チームの脳のスイッチが入った状態です。

質問は、複数の頭を同時に使う道具になっていました。

そして、質問会議は、素晴らしい問題解決を生み出したのです。

私が質問会議に惹かれた理由はそれだけではありません。

何度もセッションを繰り返すたび、参加メンバーのなかに信頼と親密さが急速に増していく体験も衝撃的でした。まったく理解できない言動をするクラスメートの思考が、質問会議を行なうなかで考え方そのものから理解できたとき、私の彼に対する信頼感は生まれました。

そして、問題に対して、みんなが自分のことのように主体的に取り組むようになりました。

質問会議の場では、初めて出会う人同士が集まったとしても円滑で、安心できるコミュニケーションが保証されています。そのうえで、質問という相手を尊重したスタイルが続いていくというのは、とても気持ちのいいものです。

頭は激しく回転しますが、メンタル的にはとてもリラックスしてセッションに臨めるのです。

そう、質問会議は、チームを活性化する場になっていたのです。

2 チームを活性化させる場はあるか

失われたチームの「場」

- 組織目標はあるが、それが現場に浸透していない
- 目標だけで計画だおれ、実行力が弱い
- 上から落ちてくる仕事をダウンロードして、それをこなすのに精一杯
- 考える余裕がない
- チームメンバーが(自分も含めて)疲れていて、活力がない
- 忙しすぎて、若手の教育が進まない
- チーム内でサポートし合う意識が希薄
- チームとしての新しいアプローチや発想が生まれにくい

これらは、みんなチーム力が活性化していない状況です。

過去において、日本企業のなかには、チーム内部の関係性を維持するような仕組みが働いていました。たとえば、終身雇用、年功序列であれば、仕事に対する価値観はほぼ同じ

ように似るでしょうし、おせっかいな先輩たちが自分の仕事には関係なくとも、後輩の業務をサポートしたり、教育していたかもしれません。

実は、日本企業には、チーム力がアップする「場」をつくる仕組みが働いていたのに、近年それが利かなくなってきているのです。これは、私がアメリカから戻って、すごく感じた点です。

それは、何か。

簡単にいうと、日本企業では終身雇用や年功序列などの仕組みのなかで、**チームの目標設定やチーム内の和によるパワーの結集、暗黙知の共有**がやりやすかった、ということです。

一体感がもちやすかったのです。

いつものメンバーといいも悪いも含めて、家族的に、相応の居場所をもって仕事をする場は、それなりの一体感を運んでいました。しかし、いまは状況が変わっています。人材は流動化し、多くの組織で業績・成果主義が取り入れられてきたことで、〝なんとなくうまくいっていたチーム〟はなくなり、意識的に場をつくる必要が出てきました。

現在は、「チームが機能する場」も「ふさわしいマネジメント手法」も見えない時代です。

質問会議は、実はこの「チームが機能する場」をつくりながらリーダーとしての「ふさわしいマネジメント手法」を手に入れられるものなのです。

図表1 たとえば、現場ではこんなことが……

	課題解決力（抽出、共有、実行）	方向性の一致（ビジョン・理念浸透）	モチベーション&コミュニケーション	リーダーシップ	創造性
個人	目前の業務に忙殺され本質的課題の認識がされない OJTが機能していない	組織目標が漠然としていて、目標達成のイメージがわかない 経営層、管理職、従業員の間に意識ギャップがある	従業員の業務に対するモチベーション、納得感が低い 現状維持、内向発想 できない発言や言い訳が多発 社員の危機感、問題意識が低い	優秀な社員の能力を活かしきれていない 指示待ちの社員が多い	改善や改革が行なわれない 新しい発想が生まれない
チーム	実行力が弱い 納得感のある目標を共有していない チーム内のコミュニケーションの質と量が低い	組織目標が、現場に落ちていない	チームとしての活力がない チーム内でサポートし合う意識が希薄 コミュニケーションの場がない	忙しすぎて、若手の教育が進まない 先輩社員の「教える、伝える」機会と意識の低下	部分最適な情報共有と意思決定 チームとしての新しいアプローチや発想が共有されない
組織	売上、利益目標だけで、具体的な戦略や行動計画がない トップの意思決定にのみ頼っている	組織としての方向性が見えない 急激な変化によって、現業の見直し、変革が必要になっている 部門、チーム間の部分最適やセクショナリズムが横行している	組織としての活気がない	次世代に経営の核となる人材が育っていない 変革ビジョンの構築ができるリーダーがいない 変革行動を展開できるリーダーがいない	組織が硬直化している 組織としての新しい仕組みづくりや、意思決定が行なわれない

↓

チームが機能するにふさわしいマネジメント手法が必要

価値観の多様化による場の崩壊

もう少しだけ、私たちに何が起こっているのか、整理してみます。

終身雇用や年功序列などが崩壊し、働き方、働くことの価値観が多様化しました。実際のところ心底「社長になりたい」と思っている人は、いまも昔も特別な人かもしれませんが、「部長になりたい」「課長になりたい」人はあきらかに減っている感じがします。私が組織開発をお手伝いしているある市では、課長昇進テストの受験者がいなくて本当に困っていました。

マネジメントに苦労する管理職を目のあたりにし、一般社員が出世を拒むケースが増えています。「苦労の多い管理職はごめんだ」「大変なだけで給料も大したことはない」と、ずっと平社員でいることを希望しているのです。

管理職としては、否定されているようで辛いところです。しかも、働き方が多様になり、正社員、派遣社員や契約社員、アルバイト、パートなど、さまざまな立場の人が働いています。当然、価値観はいろいろです。

ただ、出世というモチベーションをもたないからといって、彼らが仕事をしないかと言えば、そんなこともありません。自分の仕事はきっちりこなし、必要であれば残業もします。

つまり個人で仕事をしている人が増えています。しかし個人的意識で仕事をする人が集まっているだけではチームとはいえません。生産性の高いチームが生まれないのは当然です。

ところが、個人レベルでは解決しない問題が組織にはいっぱい生じています。価値観の違う彼らを、リーダーとしては巻き込んでチームをつくっていく必要が出てきているのです。

成果主義導入には、個人の成果をきちんと目標設定から管理しながら評価していくので、プラスの面も多々あります。しかし、導入現場を見ていて私が思う、一番困ったことは、**暗黙の了解として存在していた「助け合い」がすっかり見えにくくなり、組織としてのチームワークについての指針もあいまいになったこと**です。これによってチームが力を失ったのです。正確にいえば、チームが機能する「場」である相互関与を減じてしまったことで、生産性の高いチームがつくりにくくなりました。

職場のコミュニケーションのレベルの低下

いままでの場が壊れた、もう1つの理由は技術進歩による労働環境の変化です。

IT化は社内コミュニケーションに大きな変革をもたらしました。

メール環境が整備され、社内コミュニケーションは質・量ともに大きく変わったと思いませんか。

メールのない時代には、電話をかけたり、直接会って話をしていましたが、いまの職場では「何はともあれ、まずメール」というやり方が主流になっています。

その利便性は確かですし、いまや電子メールが存在しない業務はありえません。しかし実は、一方で社内コミュニケーションに深刻な問題が生まれたりしています。

外資系金融会社の人事責任者をしていたとき、部下に「営業担当からの情報収集を即時行なってほしい」と言ったことがあります。ともかく早く（電話をして）情報収集をしてほしいと言ったのですが、彼女は電話での連絡をしたがりませんでした。そして、一言ですみそうな「お願い」を10分くらいかけて丁寧なメールに仕上げたのです。何か電話での直接のコミュニケーションが怖いのかという印象を受けたものです。

本来、仕事というのは話し合いによって折り合いをつけ、影響し合いながら進めていくものです。特殊な業種でない限り、誰かと話をすることが仕事の一部になっているはずです。それにもかかわらず、対面コミュニケーションなしに仕事が進みます。冷静に考えると、とても危険です。

メールに比べ、対面コミュニケーションは多くの情報を伝達できます。それが**仕事の基盤になる場の生成**にもなっています。

問題が発生すると、対面コミュニケーションによる微妙な感情や雰囲気のやりとりがいかに重要かを痛感できます。また、このコミュニケーションがモチベーションと密接に関係したりしているのです。

仕事の生産性を上げるには、コミュニケーションは不可欠です。

それも単に顔を合わせるというだけでなく、問題の本質をきちんと共有する、しっかりと機能するチームになっていなければなりません。

生産性の高いチームづくりにコミュニケーションは欠かせないものだとは思っていても、実際の職場ではコミュニケーションがどんどんなくなっています。特に密度の濃いコミュニケーションをできる関係性と場がなくなっているのです。

チーム力が生産性の基本

私たちは、何らかのチームに所属して仕事をしています。

チームを柔軟に組んで課題の発見から解決までを追いかけたり、チームでの議論を通じて創造を行なったりと、チームによる業務推進の比重がますます高まっています。

一口にチームといっても、プロジェクトチーム、クロスファンクショナルチーム、委員会活動、研究会活動やインフォーマルなチームなどさまざまです。社内の一部だけで構成するのではなく、広く横断的であったり、組織の序列にこだわらないなど多様性も増しています。

仕事の生産性を考えるうえで、チームが機能しているかどうかは大きな問題です。

チームが機能していれば、生産性が上がります。反対に、チームに問題があれば、生産性は下がります。個人の能力で一時的に成果をあげることは可能ですが、長いスパンで見れば、チーム力が生産性の基本になります。

個人能力のアップだけでは、組織としての力はそれほど上がりません。チームとしての能力アップが生産性を向上させるカギです。

個別コーチングでは追いつかない

企業は組織の能力アップをはかるため、まずは個々人の能力を引き出そうと、コーチングの手法を取り入れています。

ただし、個々の能力を引き上げることと、組織全体の能力アップをはかることは、必ずしもイコールではありません。チームリーダーだけが変わったり、特定の誰かが成長しただけでは、チーム全体は大きく成長したとはいえないからです。

上司が部下に個別のコーチングをすることは、非常に重要ですが、反面すごく時間をとることでもあります。しかも、個別に時間をとって、せっかくモチベーションを上げても、また雰囲気の悪い職場で同じように働きだすと、元の木阿弥になってしまったりします。このような状況になってしまうと、個別のコーチングは、もぐらたたきのようになってしまい、追いつきません。

しかし、もし**チームでの会議体**が個別のコーチングと同じ効果をもつとしたらどうでしょう。

上司であるチームリーダーが、個別にメンバーと対峙したコーチングをしなくとも、チームが自律的に機能して、同じ効果をもたらします。

質問会議という、チームとしての場をつくることは、チームメンバー全員のベクトルを合わせ、持続させる機能をもつことにほかなりません。

3 チームをマネジメントする方法をもっているか

昨日の答えは今日まったく通用しない新時代

社会が多様化し、急速に変化すると、昨日までうまくいっていた方法が、今日はまったく役に立たなくなります。あるいは、Aという現場で役立ったスキルが、Bではまるで無価値になったりします。

つまり、経験に裏づけられたノウハウが通用しない場面が出てきます。この状況には誰もが苦しめられます。ですが影響がもっとも顕著なのはチームリーダーです。

チームリーダーは過去の実績が認められて、そのポジションに就いています。経験とともに培ったノウハウを部下に伝えて、成果をあげていくことを期待された存在です。ところが、そのノウハウが現場で通用しない。いままで自分が成果をあげてきたやり方が通用しないという現実に直面しています。

従来型の指示をするだけのリーダーシップではチームが機能しなくなっています。新しい時代に合った、チームマネジメントのやり方が必要になっているのです。

主力商品が消えて仕事のやり方が変わった

昨日までの自社の主力商品が、明日からはまったく売れなくなるケースもあります。

あるOA機器メーカーのA社は、大手メーカーのプリンターをOEMでつくっていました。ところが、相手先から「OEMはアフターサービスまでトータルで請け負える会社に依頼する」という方針転換が告げられました。ビジネスモデルの変更を外圧から受けた形です。

A社にとって条件は非常に厳しいものでした。全社をあげて対応に奔走しましたが、結局、競合に敗れました。別の取引先と契約をとりつけるべく、必死になって営業活動を展開し契約をとりつける直前までいきましたが、相手先企業が買収されて、すべてが白紙に戻されてしまいました。まさに難事にみまわれつづける嵐のなかの船旅のようです。

自社の主力商品が突如として売れなくなるケースは多いのです。

ビデオやカセットのテープ、使い捨てカメラ、プラスチック製品に取って代わられた金属製のフレームやバンパーなど、時代とともに不要になってしまった製品はいくらでもあります。いま、パソコンは使っても、フロッピーディスクを使っている人は少ないでしょう。

実際、ある大企業では主力商品の売上が、3年間で90%ダウンしました。こうしたケースでは過去の成功法則はまったく利用できなくなります。

同じ商品でも仕事の質が大きく変わった

私がビール会社の研修のお手伝いをしていたときに伺ったお話です。かつてビールは酒屋にあり、そこから居酒屋や家庭など消費者に届けられました。その際、ビール会社の営業マンが直接ビール運びをしました。酒屋でビールが品薄になったと聞けば、自らビールケースを車に積み、迅速に運ぶ人材が「できる」営業マンだったわけです。

当時、ビール会社の営業マンに求められたのは、必要な場所に、できるだけ早くビールを届ける能力でした。重いビールケースを運ぶので、圧倒的に男性の多い職場です。

しかし、時代は変わりました。

ビールは酒屋で買うという根本が変わりました。コンビニ、スーパー、ディスカウントストア、自動販売機など、消費者がビールを買う場所は多様化しました。すると営業マンに求められるスキルも変わりました。ビールケースを迅速に運ぶことが優れた営業マンの条件ではなくなりました。

むしろ商品の魅力をどう伝えるか、この商品でどんなふうにビジネスを展開するかなど、戦略をアドバイスする能力が「できる」営業マンには求められています。つまり**能力要件の地殻変動**が起こった感じです。

たとえば、新しいビールの味をいかにプレゼンできるか、どんなキャンペーンが効果的かを考えるのも仕事の一つとなりました。あるいは、居酒屋などに対して、新商品に合う料理のレシピを提案するなど、コンサルティングの要素まで必要とされるようになっています。当然、女性の感性が必要とされるシーンも増えました。いまは、できる営業は男性の独壇場ではありません。

指示ができない状況

ここまで状況が変化すると、過去の経験で培ったノウハウは通用せず、上司の指示・命令だけではマネジメントすることができません。何かアドバイスしようにも体験したことのない問題に遭遇しているのです。

さらにチームリーダーがもつ経験よりも、メンバーが日々感じている現場感覚のほうがより重要とされる場面も増えています。そんな状況が繰り返されると、チームリーダーは自信をもてなくなり、「自分の判断は正しいのか？」「自分の意見より、現場の判断を優先させるべきではないのか？」などと不安をもちながら仕事をすることになります。

不安やあいまいさは部下に伝播します。

結果として、不安げな上司の指示・命令に本気で従おうとせず、それぞれが独自の判断で仕事を進めるようになります。これではチームは機能しません。

ある大手企業の方がこんなことを言っていました。

「20年前の上司なら、部下の疑問・質問には100％の回答をもって導いてくれた。課長であれ、部長であれ、何をたずねてもはっきりとした指示を出してくれたし、どうすればいいか迷ったときには、いつも頼れる人だった」

この言葉は、「現在はそうではない」ことを示唆しています。

場をつくり、マネジメントする質問会議

しかし、これはリーダーの資質の問題でしょうか？　時代の変化にともなって新しいリーダーシップが求められています。そしてその能力を開発するシステムがないことが問題の本質です。

ビジネスシーンではさまざまなことが多様化しています。雇用形態やコミュニケーション手段をはじめとしてあらゆる要素が複雑になり、変化のスピードが上がっています。

いま必要なリーダーシップとは、**解決策をチームメンバーから引き出すことのできる力**です。リーダーは自ら答えをもたなくとも、メンバーが答えを発見できるような場や雰囲気をつくり出す必要があります。

時代の変遷とともに、リーダーのあり方も変わっていかなければならないのです。しかし、その手法は提示されていませんでした。

組織はチームが積み重なって運営されているにもかかわらず、また、個人が集まって

チームを構成しているにもかかわらず、チームづくりやチームの能力、効果性を高めるために、十分な活動をしている企業は少数でしょう。

チームを運営するスキルは、そのリーダーの個人的度量に依存しますが、**優れたチームをつくる手法を体系化**したり、**チームを効果的に運営するリーダーを育成**したりすることに対して、経営のプライオリティーは決して高いとはいえませんでした。

中間管理職向けの研修や教育は行なわれていますが、組織の一部としての部や課をどう運営するかに重点を置き、チームの能力を最大化するために必要なマネジメントという視点は十分ではありません。

そうした状況にあって、本書で紹介する質問会議は、**場をつくり、場をマネジメントするリーダー**を実践的に育てます。全体がうまくコミュニケーションでき、よい循環となるような仕組みをつくり、流れを見ながら舵取りができるリーダー、場をつくり、場の舵取り役ができるリーダーをつくります。

チームメンバーが自分たちで答えを見出せるよう促すことのできるリーダー、これこそが質問会議によってつくられるリーダーです。そして、質問会議は会議体を使いながら、新しい時代背景にあわせたチームをマネジメントするための方法であると言えます。

第2章

基本の流れをおさえれば誰でも質問会議ができる

1 質問会議のエンジン

会議と行動がセットになったプログラム

では、実際の質問会議をどうやるのか。

ここで紹介するのは「アクションラーニング」のマーコードモデルですが、本書では質問会議という表現をします。

一点だけ注意していただきたいことがあります。それは、質問会議は単なる会議手法ではないということです。

現実の問題を解決しながら、個人、チーム、組織が成長するためのプログラムです。

質問会議において会議と行動はセットです。そのセットが何回も繰り返される過程をすべて含めたものを質問会議と認識してください。

ある問題について、セッション（会議）を1回して終わりということはありません。

セッションの最後に必ず1つ以上の行動計画が決まるので、この行動が実施されなければなりません。そして、次のセッションにおいて、行動計画が正しく実行されたか、行動の結果、どのような変化があったかについて話し合います。

図表2 **会議と行動をセットにして成果をあげる**

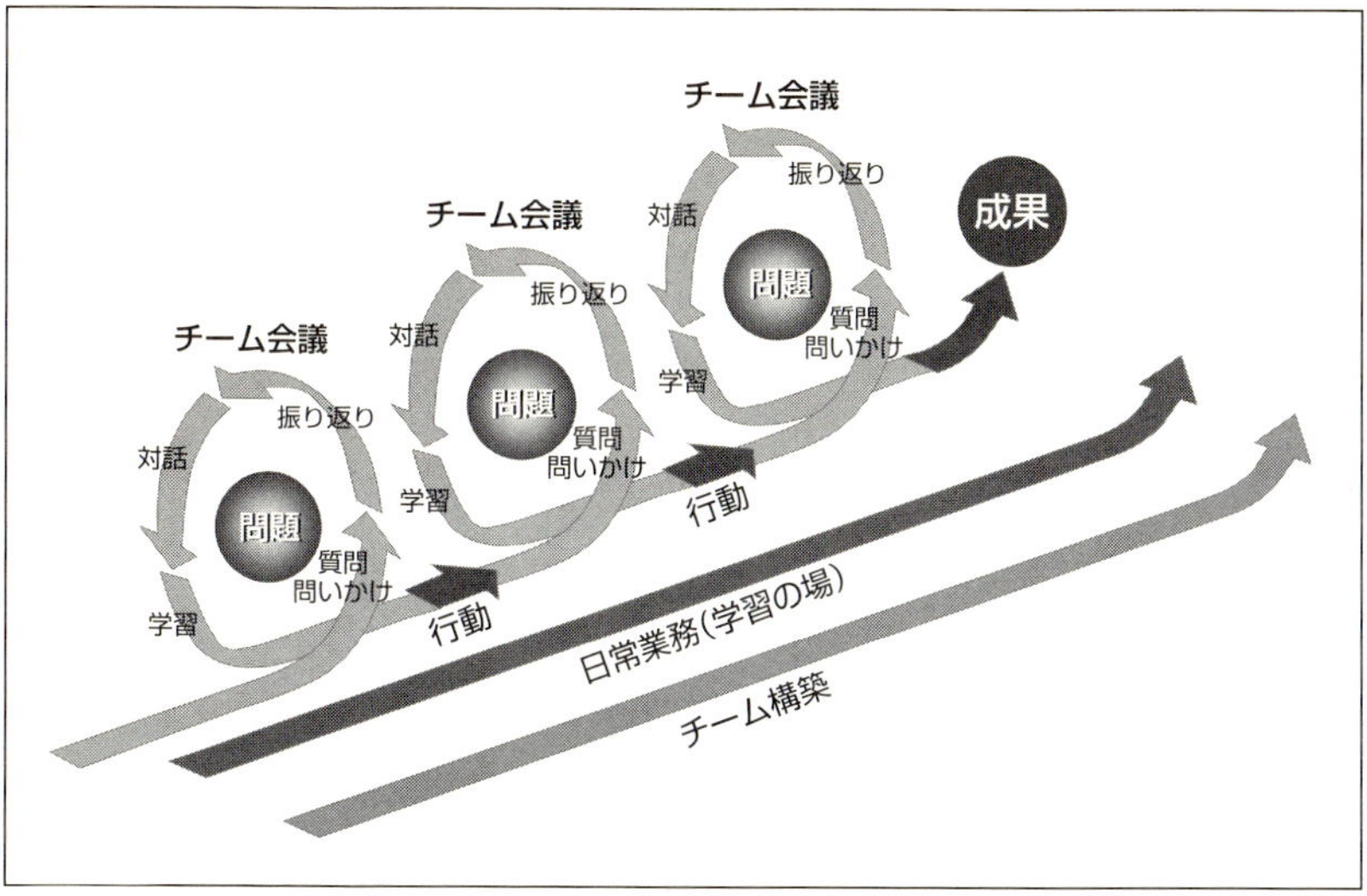

その繰り返しのなかで、問題が解決され、個人やチームが成長します。

質問会議は実践知の集約

質問会議は現代に即した手法だと繰り返し主張してきたので、そのエンジンとなっているアクションラーニングは最近開発されたプログラムだと思った人もいるかもしれませんが、実は半世紀以上の歴史をもっています。

もともと、アクションラーニングは英国の物理学者レグ・レバンス(1907～2003年)が提唱したものです。言葉のとおり、「行動から学ぶ、学びから行動する」ということで、チームで現実の問題を解決するなかで、個人とチーム、組織を開発する、問題解決とチーム学習の手法ということもできます。１９００年代の哲学者ジョン・デューイの「あらゆる純粋な教育は、経験を通じて得られる」という主張を具現化したものだとも言われていま す。

その後、何人もの人がアクションラーニングを進化、具体化させ、さまざまな分野で応用できるプログラムとして広がっています。実際、欧米の企業ではアクションラーニングが社員教育の主流になりつつあります。

私がジョージ・ワシントン大学で師事したマイケル・Ｊ・マーコード教授も、アクションラーニングの実践的なプログラムをつくった一人です。特にこの質問会議の枠組みにおいて、ルールや手順、ＡＬコーチ（＝リーダー）の役割などは、マーコード教授のモデルを利用しているものです。

2 質問会議　実施におけるポイント〈魔法の仕掛け〉

質問会議の8つのポイント

質問会議は、どう実施するのか。実施のポイントには「魔法の仕掛け」が含まれています。実施のポイントは、この仕掛けを入れ込んでいくためのものでもあります。

ポイント1＝参加者とその役割
ポイント2＝ＡＬコーチの設定〈ちょっと変わったリーダーの役割〉※
ポイント3＝時間とその配分
ポイント4＝基本ルール〈質問中心〉
ポイント5＝基本ルール〈振り返りとＡＬコーチ〉
ポイント6＝現実の問題〈本当に困っている等身大の問題を扱う〉
ポイント7＝行動計画と実施
ポイント8＝成長と変化に対する意識づけ
※本書では、質問会議のファシリテーター（進行・促進役）であるリーダーをＡＬコー

チと呼んでいくことにします。チームのコーチ的な役割をしますが、パーソナルコーチとの混同を避けるため、質問会議のエンジンであるAL（アクションラーニング）を頭につけて、ALコーチと呼びます。

では、順番に確認していきます。

ポイント1　参加者とその役割

◎4～8人が適当

質問会議のメンバーは、4～8人が適当です。3人以下、9人以上のメンバーは不向きです。他の人が質問している間は、考える時間となり、人数が少なすぎるとすぐに順番が回ってきて考える時間がとれません。逆に人数が多すぎても、質問を引き出すのに時間がかかりすぎて、チームとして思考が回りません。

◎参加者の役割

参加者の役割は次の3つです。

問題提示者（会議における問題や課題を提示する）

問題提示者以外のチームメンバー

ALコーチ（質問会議のファシリテーター）

問題提示者は、当事者として抱えている問題をチームに提示する役割です。この「問題」は、チームの問題として設定されるので、問題提示者はオープンに情報提供することが求められます。質問会議において、問題提示者は「質問される人＝答える人」ではありません。もちろん、他のメンバーに質問をしてもかまいません。

問題提示者以外のチームメンバーは、問題を熟知している人である必要はありません。メンバーとして参加する場合は平等に扱われます。ただ、提示された問題に対して解決にコミットし、チームを尊重する態度が求められます。

ALコーチは、質問会議のファシリテーターとして重要な役割を担います。質問会議をスタートさせ、終了させるなど実務的な部分を担っています。

しかし、単なる司会者ではありません。ALコーチの本質的な役割は、チーム育成のためのリーダーであり、個人とチームの成長・学習に焦点を当てつづけることです。

ALコーチの存在が質問会議の生命線でもあるので、その役割と機能をポイント2で詳細に説明します。

◎参加者は全員平等な関係性

質問会議は全員が自由になんでも言える場でなくてはなりません。役職に関係なく平等な立場で参加しなければうまく稼働しません。

役職上位者が入ると、メンバーがプレッシャーを感じて構えてしまい、自由に発言ができなくなったり、「くだらない質問をしてはまずい」という意識から、思考や議論が進まなくなる恐れもあります。

役職上位者が参加する場合は、「肩書きに関係なく、全員平等な立場として発言する」ことをはじめにＡＬコーチが約束させます。約束に反したらＡＬコーチは注意し発言を撤回させ、場合によっては退場させます。

◎多様性のあるメンバー構成がベター

組織上の役割の異なる人たちでチームを組むのが理想です。視点が単一に固まってしまうと幅広い議論になりません。しかし元来、人はそれぞれ固有であり、多様な視点をもっています。同一部署のメンバーだから質問会議ができないというわけではなく、多様性すなわち「ちがう」ということや「異質」なことを尊重するということです。

通常の会議では、問題をよく理解している人が集まって話し合います。そうした場では、問題の背景に関する質問など出ないでしょう。全員が「そんなことはわかっている」と思うからです。ある意味、スムーズに会議が進みます。みんながわかっているから話が早いのです。

ところが、問題をよく理解しているつもりで、実は問題の本質をとらえていないというケースが多いのです。

その場合、問題の本質がわからないまま、解決策を模索します。問題を理解している人が集まって解決策を話し合っているのに、いつまでも解決しないというケースもあります。会議参加者は問題を理解しているつもりになっているだけなのかもしれません。

質問会議において多様性を重視するのはそうした理由からです。問題の背景を知らないメンバーは、問題を理解するまでの時間はかかりますが、新鮮な質問をたくさんしてくれる貴重な存在です。

新鮮な質問はメンバーの脳を活性化し、同時に問題の本質を浮き彫りにする可能性を秘めています。

お互いのことを尊重し、一つのことを協力して成し遂げる。そのときに得られる満足感こそ、仕事における最高の喜びであると私は思います。仕事に喜びを見出すことができれば、個人としても、チームとしても能力は自然と向上していきます。

ポイント2　ALコーチの設定〈ちょっと変わったリーダーの役割〉

セッションを開始するにあたっては、必ずALコーチを設定します。ALコーチは、会議のファシリテーターですが、ちょっと変わったリーダーとしての役割もあります。

- 問題解決に直接関与しない
- 結果を導くより、プロセスを管理する

●みんなが考える時間、振り返りの時間を提供する
●会議進行と時間の管理をする

これらは、第1章で言っていた新しいリーダー、つまりは支援型リーダーの役割です。たとえば、上司がALコーチとなって質問会議を実施したとします。セッションが始まったあと、スムーズかつ効果的な質問がなされているうちはいいのですが、ちょっとでも話が好ましくない方向へ流れていくと、問題に介入したくなります。

「Aというケースの他に、Bについてはどう考えていますか？」

などと聞いて、メンバーの視点を変えさせたくなるわけです。

しかし、それはALコーチの役割ではありません。あくまでALコーチはチームを育成することに目を向けなければなりません。問題解決に必要以上に巻き込まれてはいけません。

ALコーチに求められるのは、チームが信頼を基盤に、円滑なコミュニケーションとチームワークをはかれる場や雰囲気をつくる知恵を備えていることです。自ら問題の解決策を提示するのではなく、チームが一緒に考え、行動することを促進し、メンバーみんなでそれができる場をつくることが役割です。

質問会議では、ポイントをおさえることで実は簡単にリーダーとしてこの場を設定できます。この設定においてうまく効果をあげる存在、これからのできるチームリーダーに求

められるのがＡＬコーチ的なリーダーシップです。

質問会議がうまくいき、**思考スパーク**を起こし、**チーム脳**が発動するためには、ＡＬコーチの働きが重要です。

◎ＡＬコーチは会議にどう関与するか

では、ＡＬコーチはどのようにして質問会議を促進するのでしょうか。

そのしかたにはいろいろなケース、パターンがありますが、たとえば「視点を変える質問は出ていますか？」とか、「いま、チームの雰囲気はどうですか？」など、セッションそのものに関する質問を投げかけます。

すると、メンバーたちはそれぞれでセッションを振り返り、いまの状況を考え始めます。その結果として、次のような意見が出てきます。

「同じような視点からの質問が多いように感じます」

「発言している人が偏っていると思います」

このように個人、チーム（あるいはセッションそのもの）への振り返りを促し、気づきを生む機会を与えるのがＡＬコーチの役割です。

直接的な関与によって、解決策を引き出す必要はありません。その能力をチームのメンバーに身につけさせるのがＡＬコーチの仕事です。

さらに、チームの雰囲気、質問の視点など、セッションそのものについてもＡＬコーチは意見を述べません。メンバーの態度やふるまいについても、ＡＬコーチが判断することではありません。

セッションを繰り返すうちに、「参加意欲が低い」「あまり考えていないメンバーがいる」「相手を攻撃するような質問が増えている」などと感じることがあります。

そのときＡＬコーチは、自分の感じたことをチームに伝えるのではなく、時間をとってチームに考える機会を提供します。

ＡＬコーチは「鳥の目をもった存在」とも言われます。

問題解決に巻き込まれることなく、上空からメンバーの学びと成長だけに注目して旋回する。そして、必要と思われる瞬間には、冷静かつ慎重に介入してくる存在です。

それだけ慎重な立場であるからこそ、ＡＬコーチにはいつでも介入できるという権限が与えられています。

極端な言い方をすれば、どんなにセッションが盛り上がっている最中でも、「チームの学びにとって、介入が必要だ」と感じれば臆することなく入っていかなければなりません。

ポイント3　時間とその配分

◎セッションは1回1時間

質問会議のセッションは１回、１時間くらいが適当です。

それが脳の集中という点から適当な時間です。経験的に90分を超えると脳が疲労し、質問会議の効果を十分に期待できません。

効果を考えると、1セッション1時間程度という時間を守ることが大切です。

実際の進行ステップについては、次項で紹介しますが、重要なことは進行ステップを順序どおりに行なうこと。質問会議での目安の時間配分は、会議の終了時に10分程度は振返りの時間をとることです。

ポイント4 基本ルール〈質問中心〉

このルールは、質問が中心のコミュニケーションをするという約束です。つまり、質問をすること、そしてその質問に答えるのが原則で、自分から語るということをしないのです。

◎質問はチーム脳を起動させるスイッチ

質問会議では全員が質問するのがルールです。問題を提示した人に対して、その問題を明確にするために、他のメンバーが次々と質問していきます。

質問することの効果を以下にまとめます。

①問題を明確にする

質問をいろいろな人が行なうなかで、問題をチームで共有し多角的に確認することができます。チームで行なうと、一人が思いつくのとは、質問の量も質もかなりのレベルで違いが生まれます。

すると、ただ問題についての話を聞いているだけでは、やりすごしてしまうようなことでも、より本質に近い部分に関しての理解が深まることになります。

②関係性の改善

人は「質問してください」という状況になると、話をよく聴きます。また、質問したことの回答はよく聴きます。すなわち傾聴を促すことになります。自然とお互いがよく聴き合うというコミュニケーションスタイルになるというわけです。

それによって共感が生まれたり、問題解決に対するコミットが高まります。さらに進むとグループの団結力がアップし、関係性がよくなったりします。

また、あなたが質問している状況を思い浮かべてください。質問するときは、相手に対して興味関心があるときではないですか？　逆説的に、真剣に質問されていると「私のことを本気になって考えてくれている」というモードになります。このあたりの仕組みが質問には内在しています。

③変化に対する受容と自己変革を生み出す

質問には自分の思考の枠組みを変化させていく働きがあります。当初は自分の価値観のなかからの質問が多いのですが、質問に対して返ってきた答えを聞いていくことが、自分の考え方をシフトするきっかけになります。

考えの幅が広がり、違う視点からものを見ることができるようになり、相手の考えを受容する態度も生まれます。

④自分への問い

質問は相手に気づかせるために行なうものではありません。自分の思考の前提となっていることへの「問いかけ」を作成できるかが、実はリーダーとしての能力開発に関係します。

同意できないときなどに、相手に気づかせる質問ではなく（ほとんどの場合、意識的にした質問では気づきは起こりません）、自分の思考の前提となっている部分についてきちんと質問として、チームメンバーに投げかけられるかが、ポイントになります。

質問会議では、質問の力を最大限に利用します。質問はチームみんなで考えるチーム脳を起動させるスイッチです。他者の脳を働かせるスイッチであり、コミュニケーションの基本であり、行動を引き出すカギです。

試しに質問してみましょうか。

本書のなかで、もっとも印象に残っている言葉は何ですか？

この質問によってあなたの脳にスイッチが入ったはずです。印象に残っている言葉は

「質問会議」「チーム脳」などと思いついたでしょうか。ひょっとするとページを戻して確認したでしょうか。

いずれにせよ、質問によって脳が動いたことはあきらかです。

ポイント5 基本ルール〈振り返りとＡＬコーチ〉

ＡＬコーチには絶対の権限があり、いつでも質問によって介入します。介入によってかなり強制的に振り返りの時間をとりますが、ＡＬコーチには絶対に従うことがルールです。

◎振り返り（リフレクション）によって学習が習慣化する

質問会議では、いま、どのプロセスにいて、何をしているのか、何が起こっているのかが明解です。それは会議の途中でＡＬコーチがストップをかけ、「振り返り」の時間をとるからです。実は、この「振り返り」が、失敗を回避する、または成功を再生産することのカギになる力です。

いまリーダーシップ育成において、この振り返り＝リフレクションの力が非常に注目を浴びています。

問題に対する質問を休止して、「心に残る質問はありましたか？」「いまのチームの雰囲気はどうですか？」とセッションの状態を振り返ります。

こうすることで、いままで発言の少なかった人が質問をするようになったり、時間をとることで問題の理解が深まって、より多面的なとらえ方ができるようになります。

もともとリフレクションという言葉には、「回想する」「熟考する」「引き離す」「意味づける」という意味があります。

つまり、リフレクションすることで、メンバーは問題を自分の経験、仮説、前提、基準といったものと結びつけて考えるようになります。

それは提示された問題を分析、観察、検証し、解決策を適用、戦略化、標準化していく際に、重要な役割を果たします。

常に振り返りを行なうことで、学習することが習慣づけられます。日常においても変化していく状況に対峙したときに、自然とその課題と向き合い、自分自身で解決策を考えることができるようになります。

ポイント6　現実の問題〈本当に困っている等身大の問題を扱う〉

質問会議で取り上げる問題としてふさわしいものは、以下のようなものです。

①現実に起きている問題

目の前にある現実のものでなければなりません。現実の問題を扱うと、真剣に考えコミットしやすく、学習効果も生まれやすく、チーム力を高めることができます。

質問会議を体感するためにつくられた架空の問題、あるいはまったく別の人や自分とは関係のない組織の問題では、意味がありません。

②等身大の問題

問題を提示するメンバーにとって等身大の、自分自身の問題であることが求められます。問題を提示するときに、主語が「会社の」とか「経営の」などとなるときには、注意が必要です。

③チームに決定権のある問題

チームに一定の決定権があり、行動計画を実行に移せる環境が整っている必要があります。決まった内容を、別の会議にかけなければ行動に移せないのでは、効果的とは言えません。

権限を超えた問題は不向きです。手が届かない次元の問題では、思考も議論もストップしてしまい、最初からお手上げ状態になってしまいます。「法律を変えなければどうにもなりません」「社長が代わらなければダメです」では議論の余地もありません。

④解決策がいろいろ考えられるような複雑な問題

複雑で組織上のいろいろな部門がかかわりあっているような問題だと、話し合ううちに考えが深まり、本質的な問題が見えてきたときには、「そんなことは考えてもいなかった」というような根本的で創造的な解決策が出てきます。

答えが1つだったり、答えがわかりきったものは不向きです。

⑤重要度が高く、緊急性のある問題

本当に困っている問題では解決する熱意、コミットメントが増します。

緊急課題ほど問題が明確になるので、行動計画が組み立てやすくなります。

⑥少数メンバーが問題に通じている問題

メンバー全員が問題に精通している必要はありません。

問題の背景に疎い人からは新鮮な質問が出てくるので、チームの思考領域を広げ、最終的に飛躍的な解決策を導き出すことができます。メンバー全員が問題の背景に精通していると、革新的な思考が生まれにくいばかりか、その問題に疑問をもっていない人もいるので質問が出にくくなります。とはいえチームとして、少数のメンバーは問題に対しての情報をもっている必要があります。

ポイント7　行動計画と実施

◎行動計画を必ず設定し共有する

質問会議では、メンバー全員で行動計画を練り上げ、実際に行動することによって、問題を見極める力、思考する力、解決する力を自ら学びとり、真に能力ある組織に成長していくことができます。

質問会議と行動はセットであり、これを繰り返すことが重要です。これが場となり、新しいリーダーシップを育成することにつながります。

ポイント8　成長と変化に対する意識づけ

◎メンバーは学習の重要性を認識し責任をもつ

行動と学習には密接な関係があります。質問会議は、チームとして本当に力のある体質をつくるためのものです。レグ・レバンスは「行動のない学習はなく、学習のない行動はない」と言っています。

私たち大人は、実際の行動や経験に裏打ちされたことから学びます。実際に行なった行動の結果から学習するのがもっとも効果的です。

現実の問題を解決できて、その過程において学ぶことができるのであれば、これほど合理的な学習の方法はありません。

単なる問題解決だけでなく、そのなかでより賢く、成長していくという意識は、質問会議で重要な要素です。通常このポイントは、ＡＬコーチによって促進・強化されます。

3 質問会議の進行の12ステップ

ステップ0はＡＬコーチの設定

まず、セッションの進行前にＡＬコーチを設定します。ＡＬコーチは、質問会議の効果を高める存在です。必ず誰がその役割を行なうのかを決め、明示してください。

通常は、チームリーダーが行ないますが、チームのなかでトレーニングを受けている人がいれば、その人がＡＬコーチの役割を行ないます。

それでは質問会議の流れを説明します。時系列順におさえるべきステップは12あります。図表3を参照してください。

以下、図に従い、順を追って説明していきます。

図表3　質問会議を進めるための12ステップ

ステップ1	2つの基本ルールの提示と確認＝質問中心・振り返りの時間をとる
ステップ2	チーム規範の設定
ステップ3	問題の提示
ステップ4	質問で問題を明確にする
ステップ5	途中の振り返り＝新しい視点でのアプローチ
ステップ6	問題を再定義する
ステップ7	同意できないことの意味
ステップ8	問題がテーブルの真ん中に
ステップ9	目標・ゴールの設定
ステップ10	行動計画の作成
ステップ11	全員の行動＝サポートを誘発する
ステップ12	振り返り

ステップ1　2つの基本ルールの提示と確認＝質問中心・振り返りの時間をとる

質問会議の2つの基本ルールの1つは質問中心です。「質問」と「返答」というコミュニケーションスタイルで進めていきます。

もう一つの基本ルールが「振り返り＝ALコーチはいつでも介入できる」です。

質問会議のなかでは意識的にリフレクション（振り返り）の時間をとる機会を設定し、実践し、トレーニングします。これによって学習する速度が速くなり、新しいことに対応する力が高まります。

ステップ2　チーム規範の設定

2つの基本ルールを確認したあと、チーム規範を設定します。チーム規範とは、そのチームのなかで期待されるメンバーの態度などです。基本となる規範には、たとえば、以下のようなものがあります。

①守秘義務
②セッションへのコミットメント
③共有とサポート
④平等と尊重

⑤傾聴と振り返り

⑥課題そのものに注意を向ける

たとえば守秘義務は、「このセッションの内容を外部に漏らさない」という安全な場であることの確認だったり、平等と尊重の意味することは、「上司や部下という関係を超えて平等な立場で、相手を尊重して話し合う」というものです。ここに設定されているのはあくまで基本的なものです。ですから、チームで修正や追加は自由です。規範はチームによって設定し、メンバーがそれを決定します。

ステップ3　問題の提示

問題提示者（問題を提示する人）をあらかじめ決めておき、その人が簡潔に問題について説明します。このとき、2、3分で説明を終えるようにします。

問題提示者は2、3分では説明しきれないと感じるでしょう。しかし、それで十分なのです。問題は全員で明確にしていきます。

ステップ4　質問で問題を明確にする

問題提示者の説明が終わったら、ALコーチが「問題を明確にするための質問をしてください」と言って、質問する時間がスタートします。

もともとの説明が不十分であっても、メンバーからの質問に答える形で、情報を補完し、問題をあきらかにしていく仕組みになっています。

チームのメンバー全員が問題の背景を等しく理解しているわけではありません。問題の背景を理解せずに解決策を見出すことはできないので、メンバーたちは問題提示者（問題をもってきた人）に、たくさんの質問を投げかけ、問題の背景を共有しようとします。

あくまでも状況の共有が目的で、責任の所在を追及するものではありません。このことが理解されていれば、質問中心のコミュニケーションもスムーズに取り入れられると思います。

ここでの注意点は、尋問や糾弾的な質問にならないことです（詳しくは144ページの「チームにとってのグッドクエスチョン『共鳴質問』」を参照）。

メンバーは質問する際、自分のために質問するのではなく、チームとして問題の本質をあきらかにし、問題解決をはかるために質問するという意識をもちます。

ステップ5　途中の振り返り＝新しい視点でのアプローチ

問題を明確にするための質問をしていくなかで、しばらくたった頃にＡＬコーチが介入し、「チームの雰囲気はどうか？」「自由に質問できているか？」などの振り返りを促します。

これによって場が一度クールダウンします。

効果は3つあります。

1つは問題解決に対する**新たな視点**が出やすくなります。

もう1つは、この先どのようなセッションを心がけるべきかという**意識統一**がはかられます。

ここまでで、参加意欲が希薄なメンバーがいたら、ALコーチは全員に問いかけて参加を促します。

また、3つ目の効果としては、この段階でのチームに流れる本音が出て、**チーム内の本音コミュニケーションが活性化**されます。

ステップ6　問題を再定義する

問題を明確にする質問がある程度出たら、メンバー全員で問題の再定義をします。メンバーそれぞれが、「本当の問題は何か」を紙に書き、自身がこれだと思う問題を固定します。

順番にそれぞれが考える「問題は何か」を発表します。問題提示者も最後に一メンバーとして発表します。これには多様な視点から真の問題を浮き彫りにするねらいがあります。どれが正しいというものではありません。

そのうえで問題提示者は、チームとしての問題の再定義を発表します。

ＡＬコーチは、問題提示者の再定義について、メンバーに同意できるかできないか聞きます。これまでのセッションを振り返り、「本当の問題は何か？」を共有するための重要なフェーズとなります。

ステップ7　同意できないことの意味

問題提示者の再定義に同意できないメンバーが一人でもいたら、引き続き問題を明確にする質問をします。

同意できないことは悪いことではありません。同意できないメンバーは安易に同意するメンバーより、チームに貢献できる存在です。なぜなら同意できないポイントは、問題解決にとって非常に重要な点を含むことが多いからです。

質問会議に不慣れなうちは、問題提示者の再定義に、簡単に同意する人がいます。「本人が、これが真の問題だと考えるなら、それが正しいに決まっている」と考えてしまうのです。

このステップは、チームをつくっていくうえでも非常に重要です。通常の会議では問題について違和感を感じながらそのまま進行してしまうなかで、チームへの信頼ができないことがあります。

しかし、質問会議で提示された問題は「私たちの問題」です。あなたが「それは本当の問題ではない」と感じたら、同意する必要はありません。本当の問題は違うと思いながら、セッションを続けるのは無意味です。

ステップ8　問題がテーブルの真ん中に

問題提示者の再定義に全員が同意すると問題がテーブルの真ん中に来たことになります。

実は、ステップ7での、問題に「同意ができない」と感じるということが、問題を共有する段階において問題が問題提示者だけのものでなく、チームメンバー全員のものであるという意識を誘発します。

ステップ9　目標・ゴールの設定

問題の再定義によって真の問題が明確になったら、次はゴールの設定を行ないます。問題提示者が「どのような状態になればいいのか？」「どういった形がゴールなのか？」を明確にし、メンバー全員で共有します。

セッションの前半が「問題は何か？」という掘り下げのステージだとすれば、ここからは「ゴールはどこか？」「どうやって目標に到達するか？」という問題解決のステージです。

ステップ10　行動計画の作成

ゴール・目標が設定され、メンバー全員で共有できたら、次は「どうしたら問題が解決するるか？」「ゴールに到達するためにはどうしたらよいか？」など、「一緒に考えよう」という意識のもとに、新たに質問を開始します。

最終的な行動計画は、「何を」「いつ」「どこで」というように測定可能なものを考えます。たとえ小さな一歩でも、必ず次回のセッションまでに行なう行動計画を設定します。行動計画に具体性が乏しかったり、いつから始めるのかという期限が設定されていなかったりすると、ここでメンバーから多くの質問が出ます。

また、同一組織での問題解決の場合、問題提示をしたメンバーだけが、行動計画を遂行するということはまれです。つまり、複数のメンバーが行動計画を行なう当事者になることが多いと言えます。

その場合は、他のメンバーも、問題解決に際しての行動計画を次回の質問会議までに実行してくることになります。

ステップ11　全員の行動＝サポートを誘発する

問題提示者が、問題を解決するためにどんな行動を起こすのかを発表し、メンバーは同意します。もちろん、行動計画に違和感を感じる場合は同意する必要はありません。同意ができるよう、質問をするなかで、チームとしての行動計画が形づくられていきます。

メンバーは問題提示者の行動について、協力できること、サポートできることを発表します（アドバイスではありません。あくまでも自分が当事者としてサポートすることを伝えます）。

ステップ12 振り返り

最後に、5～10分程度の時間をとって、セッション全体の振り返りを行ないます。

問題提示をされたメンバーにこの会議が役に立ったか、助けになったかを確認します。ALコーチが中心となり、「よかったと思われる質問」「うまくいった箇所」などをメンバーに聞きます。

振り返りとは、学習定着のための促進剤です。これによりセッションによって得られた経験、教訓、意識などを次に活かすことができます。

問題解決そのものだけでなく、メンバーの考える力、質問する力の向上、チームにコミットする大切さなど、たくさんの学びが得られます。

質問会議は「問題解決」と「個人・チームの成長」の2つを達成するためのものです。生産性の高いチームをつくりたければ、問題解決だけに注目してはいけません。常に、個人とチームの成長を意識します。

通常の会議ではこのような振り返りの時間をとることはほとんどありません。しかし、この時間があることは、次回以降のチーム活動そのものの効率がよくなったり、問題解決力が向上するために非常に重要です。そのため質問会議ではこのステップを外すことはできません。

第3章

紙上で体感！　これが質問会議だ

1 質問会議デモセッション〈前編〉

質問会議の流れとALコーチの役割とは?

ここでは、質問会議のセッション例を実況中継の形で紹介します。

1時間すべてのセッションをお伝えするとなると膨大なページ数となってしまうのでダイジェストです。

質問会議がどのような流れで進んでいくのか、ALコーチがどんな役割を果たしているのかを感じてください。

この質問会議は、とある企業の課長職会議です。通常の業務会議ではなくプロジェクト型で各課からマネジャーが参加しており、この会議では、クロスファンクショナルなかで現場の問題解決を行なっています。

まずは前編として、「2つの基本ルール・チーム規範の設定」「問題の提示」「途中の振り返り」までをご紹介します。

このセッションの参加者は6名。そのうち1名がＡＬコーチを務める。

参加メンバー

ＡＬコーチ＝事業企画課課長（男性）
赤木＝営業三課長（新任）・問題提示者（男性）
青山＝法務部課長代理（男性）
千葉＝業務課長（女性）
黒田＝営業企画課長（男性）
宮崎＝営業二課長（女性）

6名の参加者は向かい合うように机をはさんで座り、ＡＬコーチのあいさつからセッションはスタートする。

ＡＬコーチ　それでは質問会議のセッションを始めます。今日の問題提示者は、赤木さんにお願いします。

赤木　よろしくお願いします。

2つの基本ルールの提示＝質問中心・振り返りの時間をとる

すぐに問題提示を始めず、ＡＬコーチは全員に対して2つの基本ルールの確認をする。質問会議の経験者ばかりでメンバーが構成されていたとしても、セッションの最初にルールを再確認することは非常に重要だ。

ＡＬコーチ　みなさんに基本ルールの確認をさせていただきます。質問会議には2つの大きな基本ルールがあります。

その1＝質問を中心にするということ。

質問と、質問に答えるだけで、みなさんは自分から語らないようにしてください。

その2＝振り返りの時間をとること。

ＡＬコーチである私には、いつでも介入する権限があります。みなさんが質問をしていくなかで、ときどき私が介入して、質問させていただくことがあります。そのときは、私の質問に答える形で「振り返り」の時間をとってください。

この2つを基本ルールとして進めていきますが、よろしいですか？

ＡＬコーチは、基本ルールをメンバー全員が共有したかをきちんと確認する。

チーム規範の設定

その後、ＡＬコーチは「質問会議」の規範をメンバーに伝える。２つの基本ルール以外にも、セッションを正しく進めていくためにはいくつかのチーム規範が必要となるからだ。

一般的な規範をフリップのようなものにまとめ、それをメンバーに見せながら伝えていく。

チーム規範　基本の内容

①守秘義務
②セッションへのコミットメント
③共有とサポート
④平等と尊重
⑤傾聴と振り返り
⑥課題そのものに注意を向ける

ＡＬコーチ　次に、このチームの規範について考えます。一般的な規範として、ここに6

つあげたので、一緒に確認しましょう。

①守秘義務＝この場のことは他では口外しないこと。みなさんが安心してコミュニケーションできる場を形成するためにも、ぜひ守ってください。

②セッションへのコミットメント＝このセッションに集中して、積極的に参加するようお願いします。

③共有とサポート＝問題を自分のものとして、そしてチーム全体のものとして、共有していただくということです。そして、お互いがサポートしていくという意識をもってセッションに臨んでください。

④平等を尊重＝誰が偉いとか偉くないとか、そういうことはすべて取り払って、平等であるということを忘れないでください。そのうえで、それぞれを尊重し合う。このことをぜひ意識してください。

⑤傾聴と振り返り＝よく聞いて、よく考えるということです。ＡＬコーチである私が介入して、みなさんに振り返りを促すこともあります。

⑥課題そのものに注意を向ける＝これは犯人捜しをしないということです。「誰が悪い」「ここが悪い」というところに注目するのではなく、どうしたらこの問題を解決できるのか、という視点で考え、質問していただければと思います。

以上が、一般的な規範となります。

一般的な規範の説明を終えたら、今度はこのセッションに特化した規範が必要かどうかを考え始める。必要であれば、セッション独自の規範を設定する。

ＡＬコーチ　これ以外に、チームの規範としてつけ加えるべきものは何かありますか？

青山　質問が長くなった場合、要点がわかりにくくなると思うので、質問は簡潔にしたほうがいいと思います。

ＡＬコーチ　みなさんもそう思いますか？

独自の規範を設定する際、提案があったら、必ず他のメンバーにも同意を得る。みんなで決めた規範にのっとってセッションを進めることが大前提なのだ。

ＡＬコーチ　他の方はいかがですか。何か他につけ加えることはありませんか？

千葉　みんなそれぞれオープンな雰囲気をつくるよう心がけたらいいと思いますが、どうでしょうか？

ＡＬコーチ　みなさんはどう思いますか？

（一同、うなずく）

ＡＬコーチ　では、この２つを新たにチームの規範としてつけ加えたいと思います。

1つは、質問を簡潔に。もう1つは、チームのオープンな雰囲気をつくるように、心がけるということ。

この2つを加えて、このセッションを続けていきます。

問題の提示

ALコーチ　では問題提示者の赤木さんから、現在抱えている問題を2、3分で簡潔にお話しいただけますか？

2、3分で簡潔に問題を説明するという点は、非常に重要なポイントとなる。

自分が抱えている問題を説明する際には、どうしても長く説明しがちになってしまう。問題背景や時系列に沿った流れなど、詳細を説明する必要があると思ってしまうからだ。

しかし、ここは質問会議のセッションの場である。最初の説明以上に必要な情報があると感じたら、メンバーがどんどん質問するはず。問題提示者は、自分から説明するのではなく、質問されたことに答えるだけで十分である。それだけメンバー、チームを信頼することが大切なのだ。

結果として、そのほうが必要な情報を提供でき、不必要な情報を提示せずにすむ。

赤木　営業本部の赤木です。法人顧客向けの営業をしています。

3か月前に営業課を任された、営業三課の新任課長です。部下が2名つき、営業しながらマネジメントをしていますが、チームの業績がなかなか上がらず、予算を達成するうえで問題になっています。それが問題です。

問題を明確にする質問

ALコーチ　それでは、いま提示された問題をより明確にするために、質問をしてください。

ここでの質問は「問題を明確にする」ことを目的にしている。いきなり解決策へと意識を飛躍させるのではなく、「真の問題は何か?」ということを掘り下げていくための質問が求められる。

質問会議のメンバーのなかに、事情をまったく知らない人が何名かいたほうがいいというのは、このポイントで機能するからだ。当たり前でバカげた質問でも、そこから思いもよらない問題点が発覚する場合もある。

メンバーは遠慮することなく、基本的な質問をどんどん投げかけるべきだろう。基本的な質問によって、問題提示者の頭が整理されたり、新たな気づきを得ることも非常に多い。

黒田　では、私から質問させていただきます。まずは簡単なところから。部下の方はどのような構成になっていて、現在どのように仕事をしているのですか？

赤木　男性と女性が１人ずつ。２人とも20代です。新規開拓にはなかなか腰が上がらず、どちらかというと、いままでの取引先や私が開拓したところをフォローして回っているという感じです。

宮崎　赤木さんは、部下にどのようになってほしいんですか？

赤木　全体的に指示待ちなので、指示を待つのではなく、自分で訪問先をリストアップし、アプローチして、契約をとってくるような営業部員ですね。自ら考えて、自ら行動するような。

千葉　彼らはなんで指示を待つのですか？

赤木　うん？　考えたことはなかったですが、そうですねぇ……。以前の彼らの上司のせいですかね。たとえば、ちょっとした失敗でも「おまえはダメだ」とか言っていたようです。指示というか命令だし、そんな形で彼らは３年間育てられたので、失敗を怖がって、挑戦をしない傾向にあるように思います。

この質問によって「なるほど」という感じでメンバーが感心する状況が生まれた。千葉のなかに生まれた自然な「問い」が、チームに共鳴し、同じ意識、思考の土台をつくっていく。

そんななか、メンバーの多様性から、いままで聞き役に徹していた青山から、いままでの話を受けながら、ちょっと違った角度の質問が出る（この部分が、一人ひとりの単一の脳も回転しながら、チームとしての共同思考が形づくられる状況である）。

青山　それでは、赤木さん自身は、自分がどういった上司だと思いますか？

赤木　うーん、私を上司として考えてみると、案外自分も指示・命令型で、彼らに接していたのかな……。そのほうが手間がかからないものですから……。

途中の振り返り

ALコーチが介入する。

ただし、ALコーチは議論の内容に関与する立場ではない。あくまでも、セッションがよい雰囲気で進み、メンバーやチームの学び、成長につながっているのかを重点的に考える存在だということを忘れてはならない。

このＡＬコーチという存在は、問題解決とチームの学びや成長とのバランスをとる存在である。そのため、介入するときにも「議論に直接関与する質問」はしない。

この介入においては、メンバー全員にいままでの状況を振り返ってもらうため、ＡＬコーチが一人ひとりに問いかける。

ＡＬコーチ　ここでみなさんにお伺いしたいのですが、このチームの雰囲気はどうですか？

千葉　質問はそれなりにできていると思いますが、まだ少し表面的というか、深いところを掘り出す質問が出ていないかな？……。

ＡＬコーチ　他の方はいかがですか？

青山　ちょっと堅いなって感じですかね。

ＡＬコーチ　どうしたらいいでしょうか？

宮崎　ここは安全な場ということですから、もっとチャレンジするというか、思いきった質問をして、問題の核心をついていけばいいかもしれない。

振り返り時間があることで、青山・千葉はセッション進行上感じている点や本音を出している。また、それに同調しながら、宮崎が進行上の改善案を提示している。

チーム全員に振り返りを促すためにも、ＡＬコーチは質問の回数が少ない人に、どう感じているかを聞いてみる。

ＡＬコーチ　黒田さんはいかがですか？

黒田　そうですね、もう少し質問が活発になればいいと思います。

ＡＬコーチ　どうすれば活発になりますか？

黒田　質問がバラバラで、自分の頭がついていってない感じです。もう少し他の人の質問の答えを聞いたところから、思ったことを素直に質問してみます。

ＡＬコーチは、フォローの質問を続けることで黒田の思考を促進して、何がチームで起こっているかを場に引き出している。質問会議の最初では、いろいろな方向から質問が出されることはいいことである。ただ、まだ一人ひとりが情報収集をしている段階で、チームとしての思考ができている状態でないことは、メンバーの振り返りでわかる。

ＡＬコーチ　問題提示をしている赤木さん、いまのところチームの雰囲気はどうですか？

赤木　まだみなさん遠慮しているなぁ～と思います。

（一同、笑う）

赤木が茶目っ気を出しながら語ることで笑いが出、チームの雰囲気は和らいだ。

赤木　遠慮せずに、もっと自由に質問してきてください。どんとこい!!　です。

ＡＬコーチ　わかりました。それではみなさん、問題を明確にするための質問を続けてください。

チームの雰囲気についても、ＡＬコーチが自分の意見を述べる必要はない。質問を投げかけて、メンバーの振り返りを促せばそれでいいのである。ＡＬコーチ自身が「いまはこういう状態だ」「もっと、こうしたほうがいい」というアドバイスを行なうのではなく、メンバーそれぞれが現状はどうなのか、どのように改善すべきなのかを考え、メンバーが感じていることを表出し、チームのムードを変化させていくことが大切である。

この先、セッションでは問題を明確にする質問が続きますが、まずはここまでを前半ブロックとします。

ここまでに実施した過程は次のとおりです。

●2つの基本ルールの提示
●チーム規範の設定
●問題の提示
●質問で問題を明確にする
●途中の振り返り

セッションの序盤ですが、質問会議の雰囲気を少しは感じていただけましたか。
次ページから後半がスタートします。

2 質問会議デモセッション〈後編〉

後編では、
- 問題を再定義する
- 問題がテーブルの真ん中に
- 目標・ゴールの設定
- 行動計画の作成
- 振り返り

と続きます。

問題の再定義

セッションでは「問題を明確にするための質問」がある程度出たところで、問題の再定義へと入る。

これまでの質問を受けて、問題提示者を含めメンバー全員が、「本当の問題はこれだ！」と思うものを紙に書く。

紙に書くことで、各自の頭の整理をし、書いたものを発表するということで、その時点での自分の視点からの問題認識をそのまま出すようにする。

多様な視点からの問題の再定義は非常に重要なことで、このそれぞれの視点が問題解決に大きく寄与することになる。

メンバー全員が書き終わったことを確認して、ＡＬコーチ主導でそれぞれが発表していく。書いたものをただ読むだけで、他の人の意見に引きずられないように、また、長々と説明しないようにする。

ＡＬコーチ　みなさん、お書きいただけましたか。
それでは、青山さんから、書いたものをそのまま読む形で発表してください。

青山　赤木さんの問題は、「メンバーを一人前として扱っていない」ことだと思います。

ＡＬコーチ　千葉さんはいかがですか。

千葉　問題は「失敗させたくないという気持ちから、過保護になっている」ことだと感じました。その結果、赤木さんが大変になっているんじゃないかと思います。

ＡＬコーチ　黒田さんはいかがですか。

黒田　営業をやりながら、マネジメントしているという話でしたが、「マネジャーとしての役割が整理できていない」というのが問題だと思います。

ＡＬコーチ　次に、宮崎さんお願いします。

宮崎　はい。「部下一人ひとりの強みを活かすために必要なことを実行できていない」ことが問題だと思いました。

ＡＬコーチ　ありがとうございます。

では、赤木さん自身が書いたのはどういう内容ですか？

赤木　いま、みなさんからもいろいろ出してもらったのですが、改めて、部下に権限委譲できていなかったと思いました。

「本当の意味で部下を信頼し、任せることができていなかった」

それが問題だと書きました。

もともとの問題提示では、赤木さんは「チームの業績が上がらない」ことをあげていた。その後のセッションでは「２名の部下の指示待ち」に問題を感じていたが、自身が再定義した問題は「部下に任せていなかった」という自分のマネジメントに関する内容だった。誰に指摘されたわけでもなく、自らの気づきとして、新たな問題を発見できるのは質問会議の大きな特徴である。

その後、ＡＬコーチはそれぞれのメンバーが再定義した問題についての質問を求めた。しかし、対立点を明確にするのではなく、あくまでそれぞれの定義に関して、確認したい点を聞く。

ＡＬコーチ　全員の話を聞いたうえで、何か確認したい点はありますか？
赤木　過保護というのは本当にそうかもしれないと思います。
千葉　黒田さんは「マネジャーとしての役割が整理できていない」と再定義されていましたが、マネジャーとしての役割って、何を指すんですか？
黒田　業務の進捗状況管理と部下の仕事のサポートだと思います。青山さんはどう思っていますか？
青山　私も黒田さんに同感ですけど、部下のモチベーションを上げるのも仕事の一つでしょう。

このあと、セッションではメンバーが再定義した問題について、質問を用いてしばらく話し合った。

セッションの初期には、メンバーから問題提示者へ質問が集中しがちだ。しかし、セッションが進むにしたがって、メンバー同士のやりとりも増え、問題提示者がメンバーに質問するケースも出てくる。

問題が、提示者だけのものから、チーム全体のものへと移行した証拠である。「問題がテーブルの真ん中にある」状態となる。

ある程度のやりとりがあったあと、ＡＬコーチは問題提示者に対し「真の問題は何か？」を明確にするよう促していく。

ＡＬコーチ　みなさんの問題の再定義を聞いたうえで、もう一度振り返ってみて、赤木さんは、問題は何であると思いますか？

赤木　失敗させたくない気持ちが、かえって彼らの足かせになっていたように思えます。

「部下に適切な権限委譲ができなかった」

やっぱり、ここが問題と思います。

ＡＬコーチ　チームのみなさんは、いかがだったでしょうか。いまの問題の定義にご同意できますか？

（一同、うなずく〈※同意できないケースは100ページへ〉）

目標・ゴールの設定

ＡＬコーチ　みなさんのなかで問題が共有できたようですので、次は問題が解決されたときのゴールを考えてみましょう。どのような状況が、この問題が解決された状況でしょう？赤木さん、いかがですか？

赤木　部下に適切に権限委譲できている状況です。

ＡＬコーチ　わかりました。

ではここからはこの問題の解決策を探すことを念頭に置きながら、質問を進めてください。
それでは、お願いします。
ここからは「問題を解決する」あるいは「ゴールに近づく」ことを念頭に置いた質問の時間がスタートする。

青山　いまの時点で、権限委譲をするのに障害になっているものはありますか？

赤木　自分のなかで100%、2人を信頼できていない。手放しで一から十までやらせて大丈夫かな、という不安があります。

自分の性質だと思いますが、報《ホウ》・連《レン》・相《ソウ》がしっかりしていないと心配でたまらない。それが障害になると思います。

千葉　では、ホウ・レン・ソウの漏れをなくすには、どうしたらいいと思いますか？

赤木　いま思ったのは、仕事が終わる前に1人10分、できれば毎日話をしてみようかと思います。

どちらかというと、いままでは、私からボールを投げる感じで指示を出していたんですが、彼らの思っていること、課題など、さまざまな状況を聞いてみたいと思います。

そのなかで、彼らの営業スタイルも引き出せたら、安心して任せるかもしれないです。

どうしたら問題が解決するか、ゴールに近づけるのか。

このことを念頭に置いて頭に浮かんだ質問をしていると、自然に行動計画がチーム全員に見えてくる。質問が繰り返されるなかで、「こうしたほうがいいな」「こんなことをやってみよう」と自発的に思える。

メンバーから「○○をやってみれば」と言われるのではなく、自発的に思えることが重要だ。これが行動へとつながるカギとなる。

また、問題提示者だけでなく、チーム全体としての行動計画としてとらえることが重要である。

組織課題を業務チームで解決する場合などは、問題の共有化と問題解決策の実施は、問題提示者だけが行なうものにはならない。

行動計画を明確にする

ＡＬコーチ　すでに赤木さんのほうから、具体的な行動計画についての発言が出ていますが、このセッションの結果として、問題提示者の赤木さんはどのような行動をとりますか？

できるだけ具体的にお答えください。

赤木　まず1つはミーティングをします。

もう一点は、部下と毎日10分話をします。これを機会に、彼らの話をしっかり聞きたいと思います。

黒田 ミーティングはどのタイミングで行ないますか？

赤木 週に1度、来週火曜日から始めます。

ALコーチ 赤木さんの行動計画について、みなさんは同意されますか？

（一同、「はい」「できます」などの返事）

全員の行動＝サポート

ALコーチ それではみなさん、チームとして、何かサポートできることはありませんか？

青山 はい。うちの部署でも、週に1回ミーティングを行なっています。一度そこに参加してもらって、何か参考になるものがあれば、そちらでも活かしていただくというのはどうですか？

赤木 ぜひ、参加させてください。

ALコーチ いま加えられた行動計画も追加して、みなさん、この行動計画に同意できますでしょうか？

（一同、「はい！」）

ALコーチ チームとして同意できたようですので、ぜひ、みんなでこの行動計画を進めていきたいと思います。次回のセッションでは、行動計画の結果を報告していただくことになります。

行動は、問題解決に向けての第一歩である。
複雑な組織課題の提示の場合も、大きな問題を大きいまま取り扱うのではなく、問題の本質を掘り下げながら、問題そのものを次回の会議までに行動できる大きさに砕いていく。大きな問題の小さな一歩について、ともかく行動する、そして、次回は、そのうえで起きている問題を再度同様に掘り下げ、行動計画を設定していくのである。

振り返り

問題解決に向けたセッションはここで終了となり、セッションそのものの振り返りの時間をとる。

ALコーチ　では、いまから振り返りの時間をとりたいと思います。
赤木さんにとって、このセッションは、助けになりましたか？

赤木　はい、非常に有効でした。
いままで私は「部下が悪い」「部下が悪いから業績が上がらない」と思っていました

が、みなさんの質問によって、問題をより多面的に見ることができました。部下を心情的にかわいがりすぎていたことも災いしていたと気づきました。これは私一人で考えても、出てこなかったことです。

ＡＬコーチ　では、チームのみなさんはいかがでしたか。この質問はよかったとか、チームとしてサポートができたタイミングなど、ありましたか？

黒田　途中で、青山さんが「赤木さん自身は自分のことをどういう上司だと思うか？」という質問をしたことによって、視点が大きく変わったように感じました。

ＡＬコーチ　なるほど。では、チームワークはいかがでしたか？

千葉　チームワークは大変よかったと思います。問題提示者の赤木さんが、非常にオープンに話してくれたことが一番重要だったと思います。

赤木　それは、でも雰囲気がよかったこともありますよ。

宮崎　批判めいたことがなかったので、みなさんが自由でオープンな雰囲気で質問を続けられたと思います。このチームのなかは安心だという気がしました。

ＡＬコーチ　他に気づいたことはありますか？

青山　質問を聞いているなかで、みなそれぞれの考え方や方向性がわかっておもしろかったです。自分にない視点があると、なるほど、と思ってみたり。

黒田　赤木さんが本当に困っていることに共感できたし、なんか赤木さんが好きになりました(笑)。

宮崎　そうそう、私もこのメンバーに対して信頼感が生まれた感じがしています。同じマネジャーとして、困ったことがあったら相談しやすい関係ができたというか。

ALコーチ　いま、振り返ったことを次に活かすとしたらどんなことができそうですか?

黒田　次回もみんなでオープンに本音を話すようにする。

赤木　私は職場にもどったとき、部下に対してもとにかく、いい悪いの判断をする前に、「まず相手の話を聞く」ということを実践したいですね。そうすると、オープンになれるから。本音で話ができないと一緒に解決策を考えることもできないですし……。また指示と命令になっちゃうから(笑)。

ALコーチ　チームのみなさんは、いま振り返ったことを次のセッションでも活かしていただければと思います。

また赤木さんは、行動計画を実行していただいて、次のセッションでは、その行動計画の報告から進めさせていただければと思います。

それではみなさん、本日はお疲れ様でした。

図表4 質問会議の特徴

◎声の大きな人や、役職者が会話を独占しない
◎普段、話をしない人も含め、平等に発言する
◎会議のなかで違和感が表に出、本音で話がしやすい
◎お互いの話をよく聴き合う
◎思いもかけない問題の本質が浮き彫りになる
◎主体的なコミットメントがみんなに生まれる
◎参加者それぞれに気づきが生まれやすい
◎他の人の考え方を理解しやすい
◎「本当の問題」がわかる

（終了）

デモセッションではありますが、質問会議の流れを感じていただけたのではないでしょうか。

まず質問と返答というやりとりでも、十分にコミュニケーションが成立し、会議が進行していくことは想像がついたと思います。

また、質問によって問題の本質が深掘りされ、チームの思考が統合されて一緒にチームで考えている状態、チーム脳が生まれました。途中のコメントでもありましたが、チームメンバーと問題提示者が自ら「本当の問題」に気づいていくところは、質問会議の大きな特徴と言えます。

3 再定義できないケース

通常の質問会議では、最初の問題の再定義の段階で、みんなが同意するのは非常にまれなケースです。実は、質問会議の真骨頂は、問題の再定義に同意できない、というところから始まることが多いと言えます。

では、先ほどのセッションを巻き戻して、問題が再定義できない、もう1つのデモを見てみましょう。

ALコーチ　みなさんの問題の再定義を聞いたうえで、もう一度振り返ってみて、赤木さんは、問題は何であると思いますか？

赤木　失敗させたくない気持ちが、かえって彼らの足かせになっていたように思えます。「部下に適切な権限委譲ができなかった」

ALコーチ　やっぱり、ここが問題と思います。

ALコーチ　チームのみなさんは、いかがだったでしょうか。いまの問題の定義にご同意できますか？

青山　同意できないです。なぜ、同意できないかというと……。

ＡＬコーチ　同意できるか、できないかのみを簡潔に言ってください。同意できない点を言う必要はありません。

青山　同意できません。

同意できない点を明確にする必要はない。質問会議は、同意をとるための会議ではなく、チームとして考える「みんなで一緒に考える会議」を行なうためのものである。

千葉　私は同意します。

黒田　私は同意しません。

宮崎　ちょっと気になることがあるので、質問を続けたいです。いまの状況では同意できません。

ＡＬコーチ　チームとしての同意ができていないようですので、質問を続けてください。

メンバーのなかに1人でも同意できない人がいる場合は、チームとして同意できなかったとして、チームとして質問を続ける。同意できなかった人が同意するために質問をするのではなく、チーム全員がまた白紙の状態になって質問を続けるのである。

セッションの目的は、単に同意することではない。むしろ同意できない部分の違和感を、問いかけの形でチームに投げかけることが重要なのである。そのことが契機となって、チームとして思考をすり合わせていくことになる。

また、同意できないときは、あきらかに違う視点でのアプローチがあったり、そのことによって問題の本質をより深めることも多い。

また、あえて、このステップがあることで「同意できない」ことを表出する。そのことによって「問題提示者の問題」ではなく、メンバー全員の問題へのコミットメントは非常に深まることになる。

宮崎 権限を委譲されて、部下の方は喜びますか？

赤木 うーん、わかりませんが、うるさく言われるよりいいんじゃないかな。

黒田 では、部下は権限委譲されたとき、業務を進行するうえで、わからないことはないのですか？

赤木 営業活動そのものについては、わかっているとは思いますが。そうですね、事業部としてのわれわれの役割とか、何が営業活動に求められているのかは、もしかしたら知らないかもしれません。

青山 え、役割って何ですか？

赤木 私の部署は新設ということもあって、いままでのお客様とは違う層へアプローチして、その情報収集をするという意味合いも大きいんです。もちろん営業数字はあるのですが、事業部としてはマーケティングリサーチの意味合いもあると思います。ただどうしても、日常だと「数字」に追いかけられてしまうんですけどね。

千葉　それを部下の方は知っているのですか？

赤木　一応、部署ができたときにそのような話は事業部長から話されています。

青山　そのあと赤木さんの部署でその話は出ているのですか？

赤木　あまり出たことはないですね。

私自身が、彼らに組織としてのミッションを伝えていなかったかもしれません。そのあたりにも、問題の根がありそうです……。

宮崎の質問が引き金になって、メンバーそれぞれが質問を続ける形で問題を深掘りしていっている。問題に同意できない宮崎の質問は、黒田の質問を誘発し、新たな情報を引き出し、他のメンバーに新しい視点を与えながら、思考の連鎖が起こっている。

ここで彼らは、問題提示者も含め、あたかも1つの頭で考えるようになり始めている。チーム脳にスイッチが入っている状態である。

ALコーチ　では、赤木さん、これまでのところで問題は何であると思いますか？

赤木　部下を信頼し任せることができない、と先ほどは考えましたが、その奥にある、彼らに判断する材料を与えていないこと、マネジャーとして組織目的を含めた意識合わせをしていないことが問題だといまは思います。

ＡＬコーチ　では、みなさん、この問題提示に同意されますか？

全員が同意するまで、このような形で質問と再定義を続ける。時間制約のなかで進行するため、全員の同意がない状況が続く場合は、「同意できる点」を明確にしたうえで、次のステップに進む。

再定義できないケースでは、新しい情報「新設部署として、既存顧客だけでなく新しい顧客層へのアプローチとその情報収集が求められている」ということが提供されました。この情報によって、情報提供のなかった前述のセッションとは問題の意味（定義）、解決行動の設定は変わってきました。

ただ、ここで注意してほしいのは、情報提供が起こった「問題が同意されなかった」セッションのほうを「よい」としているわけではない点です。

質問会議は、複数回の会議を重ねることにより、みなで考え、行動するなかで、問題解決をはかるというものです。正しい情報収集をして答えを導き出すというより、その時点でチームとして一緒に考えながら、一歩ずつ進んでいくというものです。問題解決は1つの方法でされるわけではありませんし、問題は1つであるとも限りません。要は、問題をみなで共有し、それの解決行動をみなで行なうことを繰り返すことです。

このように質問会議とは、みんなで考える場をつくり、それを促進する仕組みが組み込まれているものです。実践知を積み重ねてできたルールや会議ハンドルのしかたが提供されているので、場をつくることは容易です。ただ、セッションは、決まった流れがあるわけではなく、非常にライブ感の強いものです。

ですから、ここでのALコーチ(チームリーダー)のファシリテーションには、正答があるわけではありません。具体的なセッションハンドルの方法は複数存在します。

成果を出す質問会議を行なうことは、リーダーとしてのスキルと言えます。このスキルを習得するためには、実践をしながら、リーダーのスタンスとともに身につけようとする努力が必要です。

4 意見会議との違いを考える

次に、いまとまったく同じ議題で、メンバーが意見を出し合う会議の模様を実況中継してみます。ぜひ、違いを感じてみてください。

お互いが意見を出し合う会議の例

議題を提示する人が、自分の問題を説明するところから始まる。

赤木　私は営業本部の赤木です。法人顧客向けに営業をしています。
3か月前に営業課を任された、営業三課の新任課長です。部下が2名つき、営業しながらマネジメントをしていますが、チームの業績がなかなか上がらず、予算を達成するうえで問題になっています。それが問題です。

黒田　根本的にチームが機能していないということですよね。
事業部門には業界別のリストがそろっているはずじゃないですか。
私も以前その顧客データを利用して、新規案件につながったことがあります。まずそこからあたるのがいいと思います。

（赤木はあまり納得できない様子だが、なんとなく返事をする）

赤木　そうですね。ただ現段階でも、課でもっているすべてのリストに、手をつけているわけではありませんから、新たなリストと言われても……。

青山　それなら、潜在顧客を対象にしたセミナーを企画するのはどうですか。けっこう有効なリストもできますし。そのあとのアプローチも部下にとっては楽になるはずですよ。

千葉　営業ではありませんが、私のセクションで行なっているんですが、短時間でも、週に1回は彼らの進捗状況を報告させる機会をもってみたらどうですか？　業務上の問題点がわかるので、新規の案件をとれない原因が必ず見えてくると思います。

赤木　……。

宮崎　うちの新人には、すべての営業に同行させて、営業を体で覚えさせるようにしています。電話をどんどんかけさせてアポイントもとらせます。彼らに課せられている数字を明確にして、意識させるのが先ですね。うちは新人を5人抱えていますが、そのやり方で、部門トップの数字をあげています。

（それぞれの意見を聞いても、赤木の表情は冴えない。だが、しかたなく、助言をし

てくれたメンバーに対して、お礼を述べる）

赤木　とにかく部下を動かして、業績を上げていきたいと思います。

みなさん、助言ありがとうございました。

（一同、満足げに微笑んでいる。しかし赤木の表情は浮かない）

それぞれの意見は決して間違っているわけではありませんし、もしかしたら問題提示者の役に立つこともあるかもしれません。千葉の提案は、質問会議で赤木が策定した行動計画と同じですが、ここではまったくかえりみられませんでした。

いまの会議では以下のような状況が生まれていました。

- 問題の断定
- 一人ひとりが考えて、自分の解決策を提示
- 助言が受けいれられるか不明（実際に問題解決行動が行なわれるのか不明）

このスタイルでは個人も、チームも成長することは望めませんし、何より安心できるコミュニケーションが成り立っていません。これでは、「ムダな会議」「つまらない仕事」というように感じるのも無理はないでしょう。

時間を費やして会議をしたあと、何も決まっていない、というような会議になってしまいます。

チーム力を引き出す場づくりが大切

「チームのために、自分の有益な意見を述べよう」

そう考える人はいるでしょう。

その気持ちはわかりますが、いまの企業がどんな問題を抱えているのかを思い出せば、意見を言うことがそれほど効果的でないことに気づきます。

まず、社会が多様化し、変化のスピードが上がっていれば、ある特定の人(たとえば上司など)が、いつでも有益な意見を述べるということは不可能です。つまり、特定の誰かが積極的に意見を述べるのではなく、質問によって全員が考えるチームを構築しておかなければ、いずれは打つ手を失ってしまいます。

また、雇用が多様化したうえ、リストラ、異動などによってメンバーが入れ替わる可能性が高い状況下で、1人の能力に依存するのは非常に危険です。そのメンバーが抜けてしまったら、チームはどうやって舵取りをしていくのでしょうか。結局、継続的に能力を発揮するチームにはなりえません。

そういった時代背景を考えれば、自ら意見を言わず、質問に徹する意味も理解できるのではないでしょうか。

もし、あなたがチームにとって有益な意見(知識、情報、ノウハウ、価値観など)をもっているとしたら、あなた自身が話し始めるのではなく、他のメンバーがそれを引き出せるようになることが大切です。解決策は与えられるのではなく、どこに解決の糸口があるのかを見つけ出すというのが、とても大切な能力なのです。

往々にして、ビジネスの現場では、目の前の問題を手っ取り早く解決することが求められます。その場合、1人の力に依存することが一番スピーディであることもめずらしくありません。

しかし、長期的な視野に立って、生産性の上がるチーム・組織をつくるなら、チーム全体のスキルアップを意識しなければなりません。メンバー全員が個人としてスキルアップすることはもちろん、チームとして能力を高めていかなければ、移りゆく時代に対応できません。

目の前の問題を解決しながら、チームが成長することが不可欠なのです。

問題解決と成長。この2つの要素のうち、成長という側面を安易に取り下げてはいけません。問題があれば、すぐに解決したくなる気持ちは十分に理解できます。仕事をしていれば、そんなメンタリティになるのは、当然かもしれません。

しかし、そこでいったん立ち止まってでも成長について考える必要があります。結局はそれが生産性の上がるチームづくりに役立ちます。

意見会議が不自然に感じられる

質問会議について理解が深まってくると、意見会議が不自然に感じられてきます。「もっと質問をしてメンバーの脳を働かせればいいのに」「自分の脳だけを使って、長々と意見を述べてもしかたがないのに」と、会議の非生産性に気づくわけです。

そのような非生産的な会議は非常にもったいないのですが、非生産的だと感じる感性が芽生えているぶん、その人の生産性は向上しているはずです。

質問会議を導入している企業の方たちに話を聞くと、たくさんの人が似たような感覚をもっているようです。

ある企業の管理職の人は「通常の会議に出席すると、その会議のアラが見えてしまう」と言っていました。

「発言していない人、頭をまったく働かせていない人、自分の問題だととらえていない人がたくさんいたり、声の大きい人が一方的に話しているという場面にはよく遭遇します。あるいは、活発に意見を戦わせてはいるが、何も決まらず、時間が来たらなんとなく終わってしまうなど、さまざまなことが気になるようになりました」

管理職がこのようなことに気づくのは、その組織にとって大きなメリットです。

一般的に考えて管理職は、会議のなかで声の大きい人に属するケースが多いです。

そうした立場の人が、積極的に質問会議を取り入れると、よりスピーディに浸透していきます。それだけ早く効果が出ます。

変化と多様化の時代に問題解決を目指すのであれば、みんなで脳をフル活用して、より柔軟な解決策を見つけ出す必要があります。多様な視点から、みんなで考え、思考する。要するに、**チーム脳を機能させる**ということが重要なのです。そして、その状態での問題解決には、メンバーは〝楽しく〟〝やる気をもって〟臨めるのです。

5 質問会議がチームの生産性を上げる5つの理由

質問会議の5つのポイント

「なぜ、質問だけの会議で生産性が上がるのか？」

質問会議で、実際に生産性が上がっているのは、イメージできたでしょうか。成果があがる要因は、チームとして思考し、行動することができるようになっていくからです。

そして、そのことは、メンバーのモチベーションを上げていきます。

つまり「チーム脳のスイッチが入る」ことを容易にするフレームワークが質問会議にはあるからです。

そこには、5つのポイントがあります。

①問題を真ん中に置く＝問題の共有化
②上質なコミュニケーション＝違和感が出る
③関係の質の向上に焦点を当てる
④行動の誘発
⑤リーダーシップを開発する

それぞれのポイントについて詳しくみていきます。

質問会議では問題を真ん中に置く

質問会議には立場の異なる人たちが1つのチームとして機能する仕組みが内包されています。それは問題を容易に共有化する仕組みでもあります。

●会議において平等が保証されている

●問題をチームの真ん中に置く

この2点は大きな特徴です。チームが1つの有機体として機能し、メンバーそれぞれが問題に対して等しくコミットします。「問題をチームの真ん中に置く」状態になるというのもそのためです。

個人で仕事をしていると、問題が発生したとき「誰の問題か？」がクローズアップされます。

そのため担当者には「問題を隠したい」という意識が働きます。自分に責任が及ぶことを恐れ、問題が発生した経緯や背景、真の原因をねじまげて報告する癖がつきます。

組織で働いている人なら、そんな場面に幾度となく遭遇しているでしょう。正確で、詳細な状況がわからなければ、正しい解決策が導かれるはずはありません。

しかし、「誰が悪いのか？」に注目が集まりすぎると、その根本が揺らいでしまいます。

問題を解決し、生産性を向上させるためのチームのはずが、単なる競争相手（ひどい場合には、足を引っ張り合う存在）となり、会議全体が責任をなすりつけ合う場になってしまうのです。

そうならないためにも、質問会議では問題をチームの真ん中に置きます。

ひとたび質問会議にのせられたものは「誰かの問題」ではなく、「私たちの問題」となります。

チームが一緒に考える「チーム脳」をつくり、それを使って「私たちの問題」を解決しようと試みるのです。

上質なコミュニケーションの場となる

質問会議は、それぞれのステップを共有しないと前へ進まない仕組みになっています。

問題を共有するには、大きな問題としてだけでなく、具体的に噛み砕くことが大切で、そのためにはお互いに理解し合うコミュニケーションが必要です。オープンで安全な場、そして異なった視点は尊重され、多様性を尊重するなかで質問会議は進行していきます。

ステップのなかで、問題を再定義し、全員の同意をとるプロセスは、「チームのなかの違和感」を必ず表面化させます。

また、ALコーチは、振り返りを促進することにおいても、チーム内の変な感じや雰囲気が出やすいようにしています。この違和感を場に出すことができると、本音ベースでのコミュニケーションと、問題の深掘りが可能になります。表面的でない、本当の上質な人と人のコミュニケーションがはかられるのです。

質問会議は本質的コミュニケーションの場となり、一体感を生み、それによってモチベーションアップもはかられるのです。

仕事の要件が多様化し、方法、手段、技術はますます複雑になっています。そのため本来ならコミュニケーションの質は高めなければなりません。ところが、実際には不足しています。

このため組織の本来的な使命が立ち行かなくなったり、無駄な労力や経費の果てにプロジェクトが失敗に終わったりします。コミュニケーション不足が会社に大きな損失を与えるケースは実に多いのです。

コミュニケーションがうまくいっていれば安心感があります。仕事仲間が理解してくれているという信頼と絆があるので、もっとやれる、もっとがんばろうという意欲がわいてきます。

コミュニケーションのなかで、共感の醸成がなされ、やる気が引き起こされていきます。つまりメンバーの間で共有された課題に向かい、それを解決していく意欲が生まれ、チームの活力が増していきます。

質問会議は「関係の質」を向上させる

「関係の質が結果の質を変える」

これはマサチューセッツ工科大学のダニエル・キム教授が提唱した「成功の循環」の説明に出てくる言葉です。

この話には、**関係の質**、**思考の質**、**行動の質**、**結果の質**という4つの質が出てきます。

一般に仕事の現場で生産性の高いチームをつくろうとする場合、行動の質と結果の質という2要素に注目します。どんなふうに行動して、どのような結果を出すか。確かに重要な部分です。

ところが、行動の質を上げるには、思考の質が上がる必要があります。チームや個人がどのように考えているかという部分です。

たとえば、ある上司が「こんなふうに営業をしてみろ」「こんなやり方で仕事をしてほしい」というように、行動のパターン・ノウハウだけを教えたとしても、本当に質の高い行動は生まれません。その背景にある考え方の理解がどうしても必要です。

さて、チームとして「思考の質」が高まるとはどのような状態のことでしょうか。

それは、会議などの席でチームのメンバー全員が問題にコミットして、お互いが相手の考えを深めるような議論をしている状態のことです。特定の人だけが考えたり、発言して

図表5　ダニエル・キムの「成功の循環」に加筆

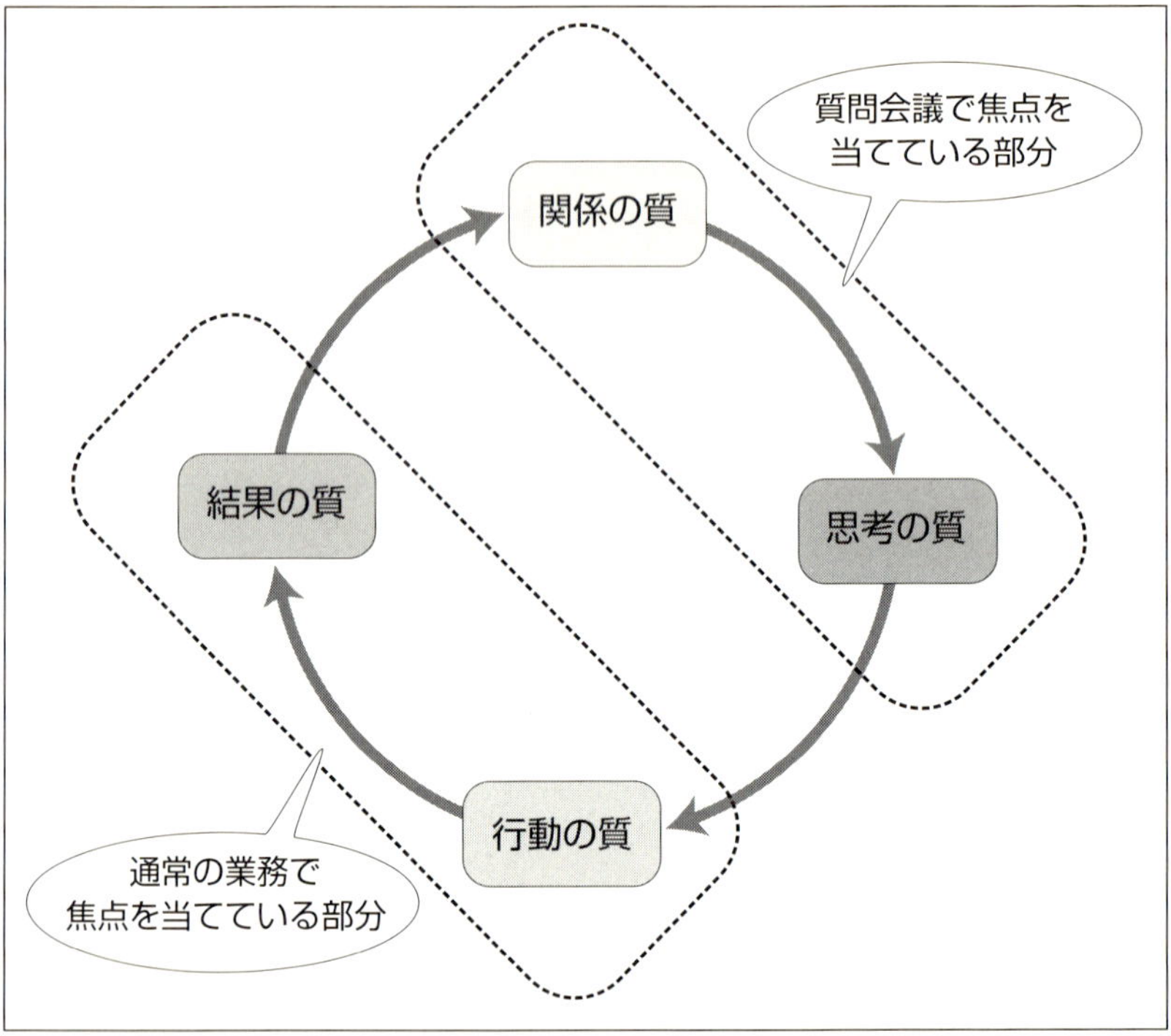

いるのはチームとして思考の質が高い状態とは言えません。

チームとしての思考の質を上げるには、当然関係の質が上がらなければなりません。

関係の質が上がれば、円滑で、安心できるコミュニケーションが成り立ちます。

円滑で、安心できるコミュニケーションのなか、チームとして多様な視点や、それぞれがサポートし合うような思考が高まると言えます。そして、よい結果を生むとチームの関係性はよりよくなります。

この4つの質はサイクルとなって回ります。

関係の質が上がれば、思考の質が上がり、行動の質、結果の質も上がっていく。結果の質が上がると、さらに関係の質が上がります。

誰だって経験があるはずです。チームとして仕事をしていて、みんなが真剣に取り組み、ある成果を得る。すると、そのチームの結束はさらに固くなっていくでしょう。このサイクルが、どんどんよい結果を生み出していきます。つまり、生産性の高いチームへと成長していくわけです。

- **チームとしての思考の質**
- **関係の質**

質問会議がこだわるのは、この2要素です。そして、質問というコミュニケーション手段が、関係性をよくし、また、チーム思考を誘発するのです。

質問会議は行動を誘発する

生産性が上がる会議とは、生産性の上がりそうな解決策を見つけ出す会議ではありません。

いくら生産性の上がりそうな解決策を見つけ出したとしても、それに納得し、行動しなければ何の効果もありません。

会議とは生産性を向上させるための第一歩、それもほんの小さな一歩にすぎず、その後の行動こそが結果を左右します。

しかし、世の中にはやりっぱなしで行動のともなわない会議が蔓延しています。ただ意見をそれぞれが出すだけで、具体的な行動計画が定まらないまま終わる会議、行動計画が突如上から降ってきて、終了となる会議……。

会議終了後に、実際の行動が起こらない会議はたくさんあります。しかし、質問会議のフレームワークは、必ず行動を起こさせる仕掛けになっています。

それは、解決行動策が本当にチームで納得したものになっているからです。

そして、みんなでコミットした行動が実際になされると、チームはどうなるでしょう。チームの効果性に対して意識が高まり、チームが育っていくのです。

逆に会議後の行動についてまったくやりとりがされなければ、決してチームは育ちません。メンバーのやる気も出ず、組織は停滞し始め、業績不振という結果に行き着きます。

質問会議は、会議と行動を繰り返すことによって、問題解決と同時にチームも育てていくのです。

会議 → 行動 → 会議 → 行動 →（継続する）

この繰り返しすべてを合わせて、質問会議です。

質問会議では、会議の最後に必ず行動計画を立てます。会議と行動を繰り返すのですから、行動計画が決まっていることは欠かせません。会議のなかで「こういう行動をとろう」と決まり、次の会議では「この行動をとった結果どうだったか」という地点から話し合いが再開します。

慎重に行動計画をつくり、次回の会議できちんとフォローしていきます。この2点があるからこそ、行動と結果の質を上げることにつながるのです。

結果として、生産性が上がるというわけです。

自律型チーム、21世紀型リーダーを育てる

質問会議は、リーダーを育成する仕組みも内包しています。

21世紀に求められるリーダーとは、かつての指示・命令型だけではなく、支援型リーダーシップをあわせもつリーダーです。先頭に立ってグイグイ引っ張るだけではなく、部下の活動を後ろからサポートするリーダーです。

変化の激しい今日において、支援型のリーダーとしての機能が、リーダーには必要になってきています。

質問会議によって育成されるリーダーは支援型であり、そのチームは自律型チームとなります。

質問会議のALコーチの役割や、会議を行なう際の意識のもち方やスタンスは、この支援型リーダーシップの雛形です。

実際に普段の会議と違うルールにのっとって、質問会議を行なうなかで、いままでの指示・命令型とは異なるリーダーシップを体感できます。そのことによって、支援型リーダーシップの効果と役割を理解します。考えるだけではなかなかわからないものでも実際に体験すると理解は深まります。

自律型チームは、チームとして問題解決策を見つけ、行動します。あるいは、チームレベルでモチベーションアップやメンバーの意識改革を行なっていきます。

多様化し、変化の速度が増している社会で起こる問題を解決していくには、自律型チームが不可欠です。

リーダーは自分が解決策を提供するのではなく、このように自律的に解決策をつくり出せるチームづくりがメインの仕事になります。

質問会議を学んだ大企業の営業統括部の部長の話です。

自社で現場のチームに質問会議を採用したところ、部下は自分で考えて行動するようになり、チーム内には、これまでになかった一体感と達成感が芽生えたそうです。

この人がこんな話をしてくれました。

「何より価値があるのは、自発的に論議が起こり、メンバーが自分で考え、即行動に移せ

図表6 リーダーに求められる役割の比較

分　野	20世紀型リーダーの対処方法	21世紀型リーダーの対処方法
リーダーシップのとり方	断固たる決断力で組織を引っ張る	組織が行動する際の助言者となる
組織づくり	役割と責任を分担した効果的なヒエラルキーをつくる	信頼関係で結ばれたコミュニティを築く
コミュニケーション方法	問題を確定させ、求めている答えを人々に明確に示す	根本的な部分を明確にしたうえで、常に問いかけ続ける
人材活用	有能な人材を見つけ、適所に配置する	相互に高めあえる豊かな人的ネットワークを構築する
指導法	解決法を示す	核となる質問や論点を提示し、問題を見極められるように仕向ける

↓

支援型リーダーシップ

たことです。この循環を継続していけば、組織風土を変えることもできると確信できました」

質問会議を重ねていくと、リーダー以外のメンバーもまわりから引き出すことが上手になっていきます。そしてリーダーがいなくなっても、他の誰かがリーダー役を担えるようになり、チームは機能しつづけます。

質問会議を組織に導入する場合、まず核となるチームをつくり、そのなかのコアなメンバーを分散して、新たなチームを育成するという方式をとります。

こうして**チームが増殖**し、自律型チーム、変化に対応できるチームがつくられていきます。

質問会議は、変化対応型組織のＤＮＡです。このＤＮＡをもつチームが新たなチームに遺伝子を与え、組織内に質問会議を広げることによって、組織風土を変えることもできます。

第4章

質問会議で鍛えるチーム力

1 質問会議で開発される能力

質問会議は、問題解決と個人とチームの能力向上が同時に可能です。「一粒で三度おいしい」というように、3つの方向性での効果があがります。チームの能力を上げるなかで当然個人の能力を高めることもできます。

そしてチーム能力の基盤には個人の能力があり、質問会議では、具体的に、以下の5つの個人能力が高まります。

①質問力

質問力の高い人は、間違いなくコミュニケーション能力も高いと言えます。

話し上手は聞き上手と言いますが、本当のコミュニケーションの達人は、相手に話をさせることが上手です。

質問会議を行なえば行なうほど、リーダーもメンバーも質問力は向上します。経験的には3回質問会議を行なえば、本人が自覚しなくても、質問のスキルは高くなります。

図表7 質問会議の効果

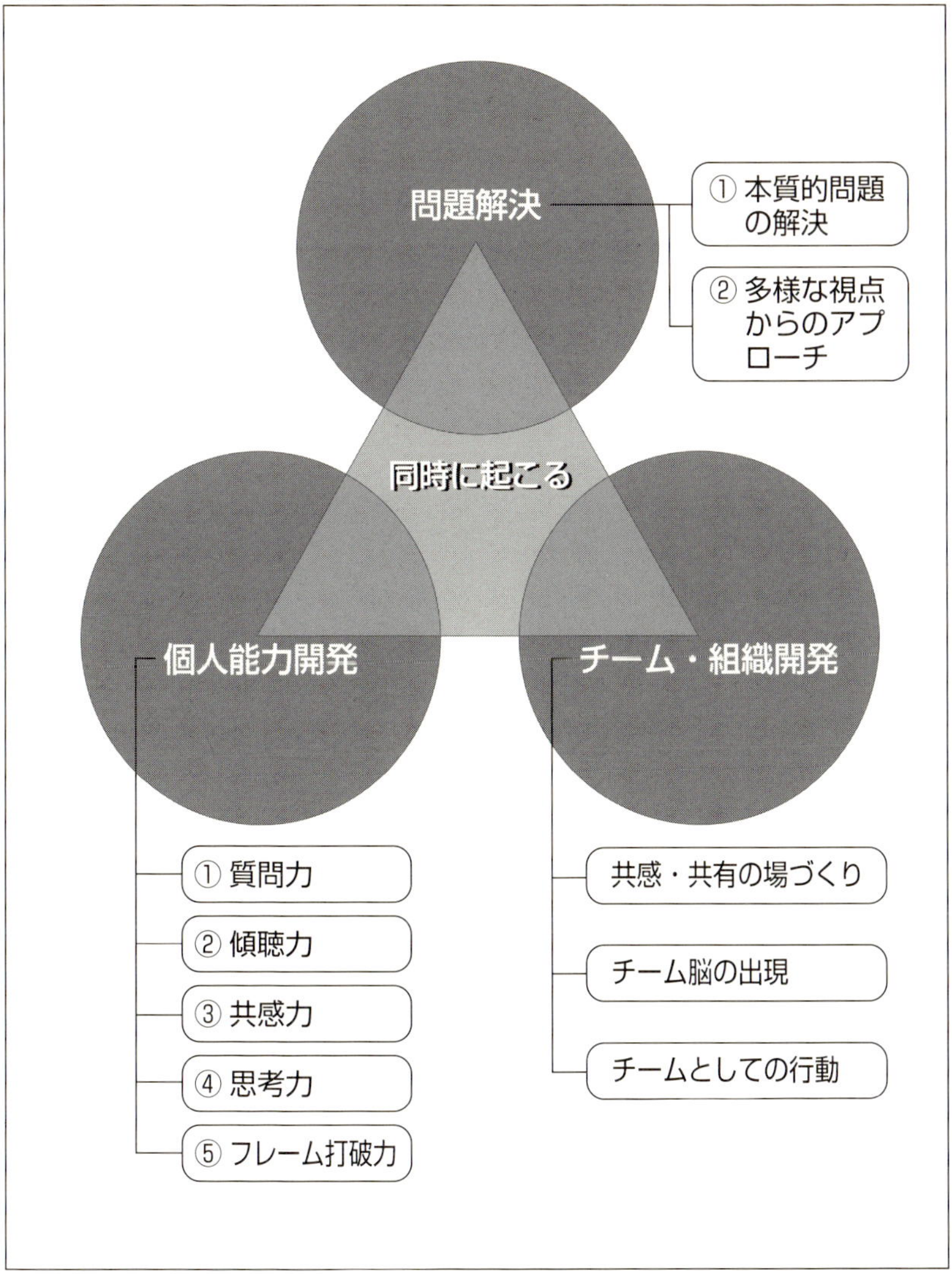
問題解決
① 本質的問題の解決
② 多様な視点からのアプローチ
同時に起こる
個人能力開発
チーム・組織開発
① 質問力
② 傾聴力
③ 共感力
④ 思考力
⑤ フレーム打破力
共感・共有の場づくり
チーム脳の出現
チームとしての行動

②傾聴力

質問と傾聴はつながっています。相手の話をただ聞いているのと、質問を考えながら聞く場合、どちらが真剣に耳を傾けるでしょうか。多くの場合、後者です。

質問することが前提になっていれば、自分が理解している部分とあいまいな部分、納得できる箇所と疑問が残る箇所という具合に、整理しながら聞くようになります。当然、頭を回転させる必要があり、真剣に聞かなければなりません。

質問会議では「いまの話について、どう思いますか？」と逆に質問されることもあります。こういう状況ならば誰もが傾聴するようになるはずです。

「話を聞く→質問する」というプロセスが体に染み込んでいると、自然と相手の話を真剣に聞くようになります。

③共感力

質問と振り返りを行なうことによって、他者に共感する力が鍛えられます。「相手の話を聞く」という行為は、相手の話に感動、共感できる感性をもっていなければできません。共感できる感性をもつ人とは、「人の話を自分の思考の枠に入れず、きちんと聞ける人」と言ってもいいでしょう。聞き上手な人は、相手の立場に立って物事を考える力が培われ、共通して共感力に優れています。

④思考力

質問会議では、問題を多角的に見る力が養われます。現象としての問題だけでなく、メンバー間の相互作用によって、いろいろな視点からのアプローチを自分のものとして受け入れることができます。そのことが、ものの見方を深め、振り返りを随時促されることで、より深い思考力が養われるのです。

⑤フレーム打破力

質問会議を経験すると、思考のフレームワークが拡がります。いままでまったく考えもしなかった視点から考えることができるようになります。

さらに質問会議ではこれをチームで共有することができます。相互で影響するなか、自分の思考力も高まるという連鎖が生まれます。自分のフレームを認識する力と、フレーム以外の問いをする能力が養われ、そこでフレームの打破ができると思考力そのものは上がります。常に自分の仮説が正しいのかを検証できるようになるのです。

2 チーム脳を誘発する共有と共感のマネジメント

21世紀型リーダーは感情的ケアをしながら調和を保つ場をつくる

質問会議で開発されるのは、前述の個人能力開発を基礎にしたチーム力です。それは、リーダーとしてチームをつくるための場をつくり、場をマネジメントする能力と連動しています。

リーダーがチームをつくるうえで大切なのが、共有と共感です。

共有＝チームとしてのビジョンの共有・論理的調和

共感＝信頼・感情的調和

ビジョンの共有や気づきへの共感というものは、「本当にそうだよね」と、心底うなずき合える部分がなければ、それを行動に移すことはできません。

そして、信頼関係と感情的な調和が、チームワークにはとても重要です。

だからこそ、こうした感情部分をケアしながら、論理的調和をしていくことができるリーダーが求められています。

そもそもリーダーシップの本質は、人に影響を与えることにあります。人を巻き込み

図表8 **共有と共感**

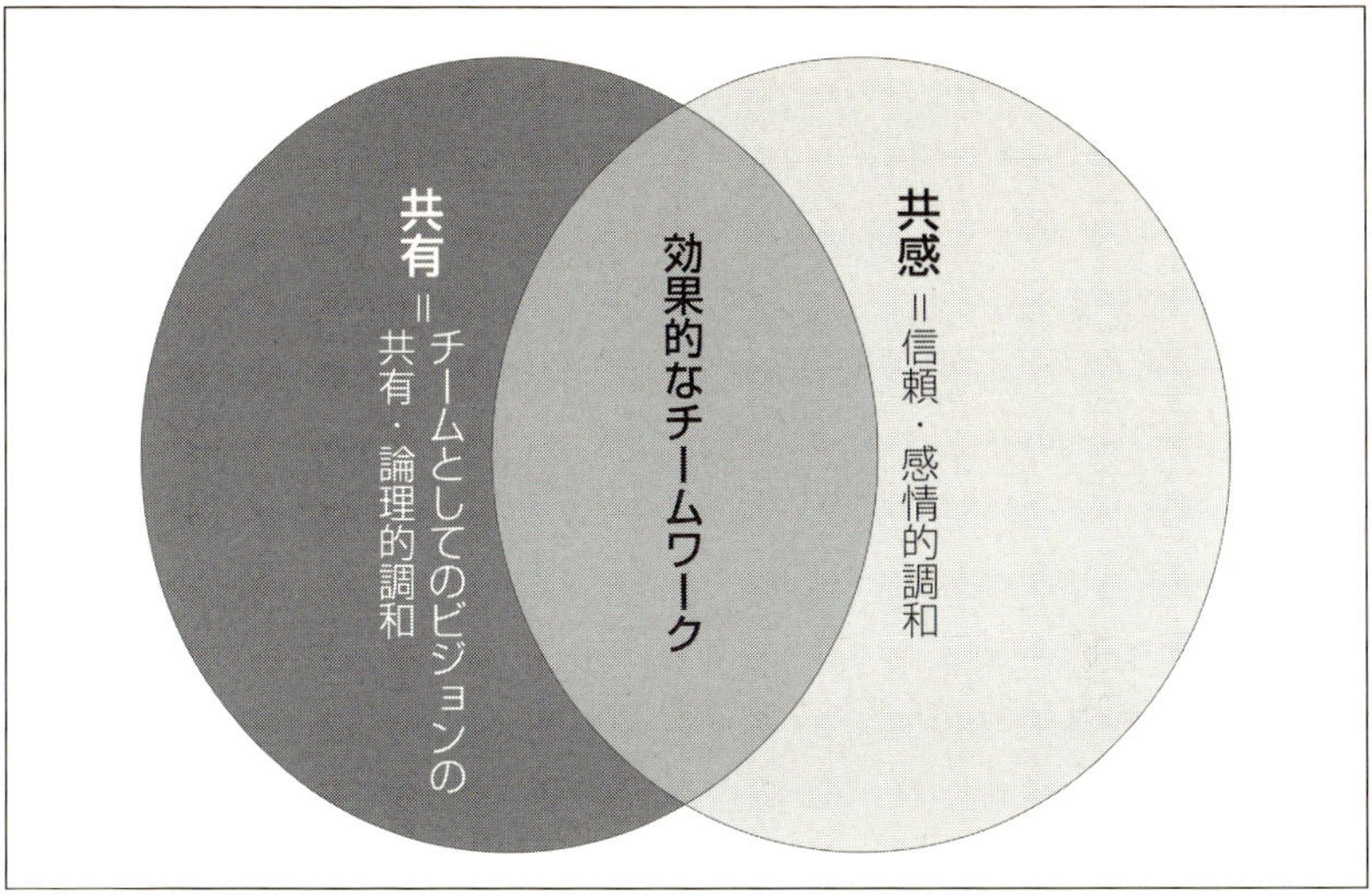

ながら仕事をしていくのがリーダーなのです。

思いの共有（ビジョンの共有）をはかる

人を動かすには、目指すビジョンや戦略シナリオを理解してもらわなければなりません。

このときに骨子をわかりやすく伝えるための手段が論理です。論理を組み立てるときのポイントは、「何をすべきか」に加えて、「なぜそうなのか」という理由づけを述べることです。

ビジネスパーソンの8割以上は左脳型人間です。こうした人の理解度を高めるには、理由づけをはっきり伝えることが有効です。

ところが日本の組織では、理由を開示する習慣があまりありません。部下が上司に理由をたずねると、非礼と受け取られることもあります。

しかし、こうしたやり方はすでに通用しなくなっています。

毎日の仕事が忙しいからといって、ダウンロード型で仕事をしていくだけでは、ビジョンや思いの共有はできません。思いを共有していないチームは活力がなくなります。

質問会議における質問と返答というコミュニケーションによって、論理的帰結が得やすくなります。またチームメンバーは、仕事を自分のものとして受けとめることができます。

共有だけでは限界がある

明快な論理を駆使しても、すぐに人の考えが影響され行動が変わるなどということはありません。人間は論理だけで動くわけではありません。感情的な動物です。

特に自分のこれまでのやり方を変えることを迫られる場合には、程度の差はあれ抵抗します。

どの組織でも「変化」に対して最初から積極的な人は多くて1割程度です。5割は様子見、残りは反対します。

人は変化を受け入れられないのが普通です。なぜなら、いまの安定した状態を崩すことで、将来への不安をかきたてられるからです。頭のなかではわかっていても、心と体は納得できません。つまり説得されても納得できないのです。

論理は理性や頭に訴えかけます。必ずしも納得まで引き出せるわけではありません。

共感マネジメントの必要性

重要なのは共感できるかどうかです。

どんなに論理が正しくても、相手からの共感を得られなければ人は動いてくれません。共有と共感が両方あってはじめて効果的なチームワークが生まれます。

共感とは、情に流されず相手の置かれた立場や体験を尊重し、評価を加えずそのまま受け入れるという意味です。コミュニケーションを通じて自律的な行動を促し、その持続を支援するためのものです。

人はコミュニケーションするときに相手に共感できるかを気にします。共感できる場合、安心して本音を出し、深くて多くの情報のやりとりができるようになります。共感を醸成するには、日頃から組織のメンバーが情報を交換し合い、互いにオープンな関係をつくることが大切ですが、質問会議はその場となります。

質問会議は上質なコミュニケーションの場となることは前述しました。

コミュニケーションの最低限の目的は「聞いてもらうこと」です。ですがこれを満たすだけでは人を動かすことはできません。人を動かすには理解してもらい、覚えてもらい、最終的には共感してもらうことが大切です。

共感すると、意見の相違や不安があっても、納得いくまで質問を重ねて、合意を形成し、継続的な参画を促すことができるようになります。

共感は変化に対して自発的かつ有効に働きます。もっとも強力な動機づけであり、人によって変わることのない、普遍的な納得と合意のための手段です。ビジネスにとってとぎれることなく永続的に続く取り組みが変革活動であるならば、やはり中長期的・持続的効果をもつ共感マネジメントが基本です。

リーダーは共有・共感の場をつくり、マネジメントする

従来のような新卒定期採用一辺倒はなくなり、中途採用やグローバル化など、構成員の多様化により日本企業の変容が進んでいます。従来は意図せずに自然につくられていた共有し、共感できる職場が少なくなっています。

相互に無関心になり、対話はなくなり、メールでの業務上のやりとりに終始しがちな状況では、信頼感に基づく自分の枠を超えた協働作業や、しがらみを乗り越える是々非々の決断ができなくなっています。自分の責任範囲での小ぢんまりとした仕事か、相手の迷惑も顧みずに自分の庭先だけを掃く仕事になってしまうこともあるでしょう。

チームリーダーは共有・共感の場「質問会議」を積極的にビルトインして、場づくりの

再構築に努めていく必要があります。

質問会議の活用はチームリーダーにとって、とても有効です。質問会議という適切な状況設定さえできれば、人々は自然に協働を始めます。そして場への参加意欲が高まり、メンバーが自律的にコミュニケーションできるようになります。

つまり、質問会議でリーダーは、職場に共有・共感の場をつくり、チームを育成するマネジメントを行なうことができるのです。

3 リーダーの仕事はチーム脳を出現させること

思考のプロセスを考える

チームリーダーの仕事はチームとしての思考力を上げることです。

これを私は「チーム脳を出現させること」と考えています。

一つの問題を見る場合でも、個人が見る場合と、チームが見る場合では違います。複数の人がいると多様性が出ます。

チーム脳とは多様化した複数の思考プロセスの集積です。これによって創造的思考ができるのです。

これを理解してもらうために、

①自問自答（自分で質問し、自分が答える）
②他問自答（他人が質問し、自分が答える）
③自問他答（自分が質問し、他人が答える）
④チーム問チーム答（チームが質問し、チームが答える）

について比較してみてください。

図表9 **思考のプロセスを考える**

	自答	他答
自問	一人で思考する	通常の会議
他問	思考の枠を広げる	チーム脳

質問会議の効果

一人で考えるときは自問自答

人間はどのように考え、判断しているのか。これが質問会議を理解するうえで重要なカギです。

一人で考えるときは、誰もが自問自答を繰り返しています。

「今日の夜は何を食べようか？」「イタリアンにしよう」

「AとBでは、どっちの作業を先にやろうか？」「締め切りの近いAに手をつけよう」

「このトラブルをどうやって処理しようか？」「まずは、上司に報告しよう」

どんなときでも自問自答を繰り返しながら、私たちは生活しています。

当たり前のことですが、実は「自問」

図表10 リフレクション〈自問自答〉

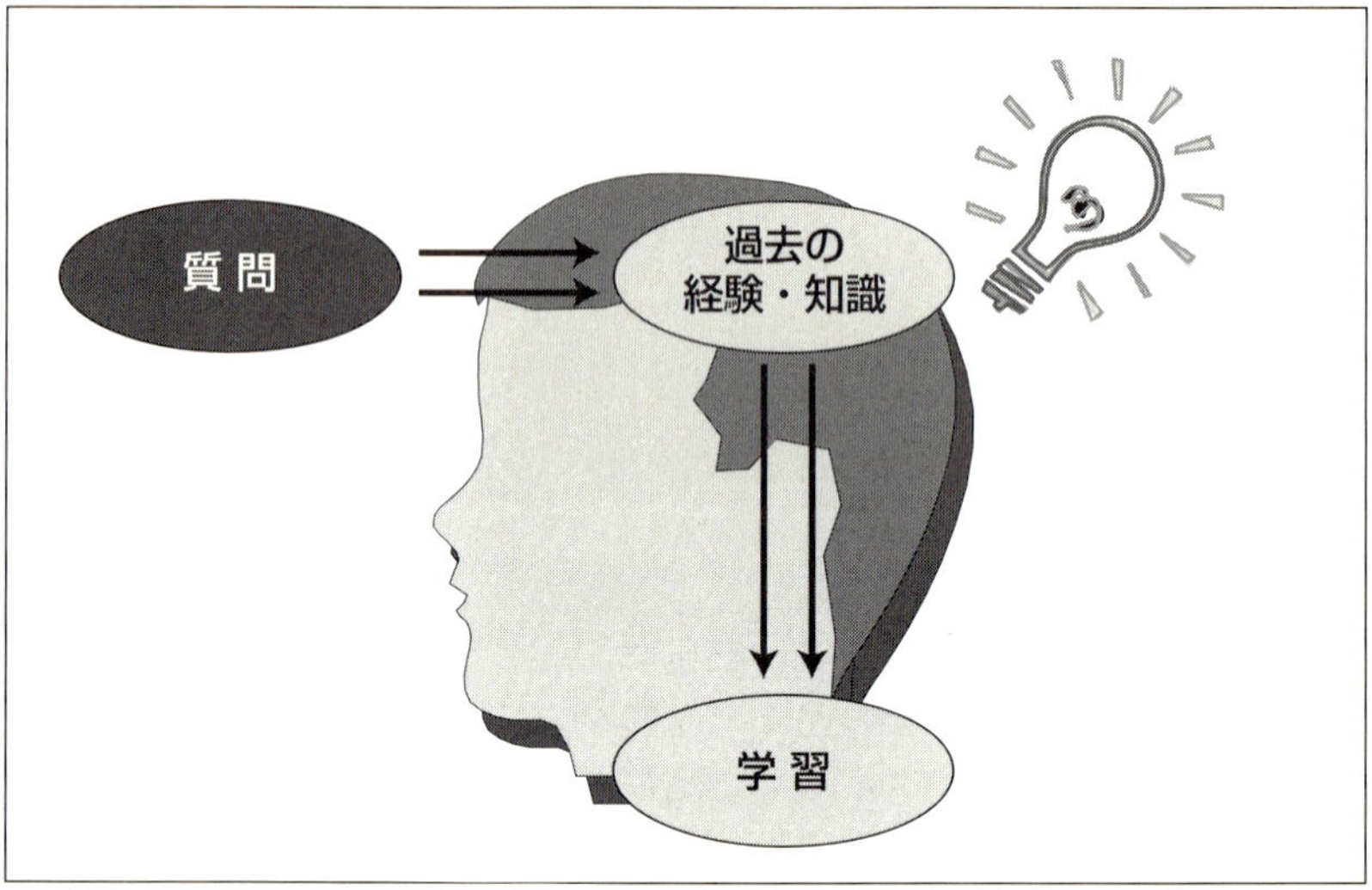

と「自答」がセットになっているところが大きなポイントです。

私たちは、答えや解決策、判断などを必要とする場合、まず脳に質問します。その質問を受けて、脳は何らかの返答をします。

私たちは、脳のなかの必要な扉を随時ノックして、それに呼応する事象を取り出します。

脳とは、質問することによって動きだす機械です。より新鮮で、刺激的な質問をすれば、脳は活性化します。慣れない質問が飛び込んでくれば、脳は回転数を上げて、より正しい解を導き出そうとします。

質問の幅を広げる他問自答

新鮮で、刺激的な質問を求めるなら、実は、非常に簡単な方法があります。

それは、新たな質問者を迎えることです。他の誰かに質問してもらう。いわば「他問自答」の状態をつくるわけです。

質問の性質はドラスチックに変わります。自分では思いもよらなかった脳の扉がノックされるでしょう。

人は質問されると、瞬時に考えます。まるでスイッチが入ったように、脳というマシーンがくるくると動きだすのです。

非常におもしろいと思いませんか。質問者は、相手の脳を遠隔操作でもするかのようにスイッチを入れることができるのです。

実は**質問とは相手の脳を働かせるスイッチ**です。

これこそ、質問会議が現代社会にフィットする大きな理由の一つです。

変化の激しい社会では、上司自身が100%の解決策を提示するのは困難です。だからこそ、上司、部下、正社員、派遣社員、アルバイト、パートなど、あらゆる立場の人が知恵を絞って、解決策を探さなければなりません。

その際、リーダーがやるべきことは、メンバー全員に考えさせることです。

より多くの頭脳が働いてこそ、変化に富んだ社会に通用する解決策が見つかりやすくなるはずです。

その際、メンバーは新鮮で刺激的な質問を投げかけあいます。人を集めて話し合いをするなら、まずは全員の脳のスイッチを入れる。至極当然のことです。**このスイッチが入る質問が思考の共鳴を生み出す「共鳴質問」となります。**

自分の考えを長々と話すなど非常にナンセンスです。特定の誰かが意見を述べて、残りの人は聞いているだけという形が固定化されると、ほとんどの人の思考は停止してしまいます。

チーム問チーム答でチーム脳が動きだす

脳が活性化してくると、おもしろい効果が表れます。脳が貪欲になって、考えるフィールドをどんどん広げていくのです。

具体例をあげて、説明してみましょう。

たとえば、4人で質問会議をしているとします。

Aさんが「○○について、Bさんはどう思っていますか?」とたずねます。

Bさんは自分のなかで振り返り、返答を考えます。

しかし、そのときBさんだけが考えているのかと言えば、決してそんなことはありません。自分に対する質問でない場合でも、質問会議の場に投じられた質問に反応して、Cさんや Dさんの脳も動きだしています。

「自分はどう思うだろうか?」と、無意識のうちに、自分の問題として考え始めるのです。

別の反応も考えられます。

たとえば、ある販売店において、商品の搬入から陳列までを効率的に行なうために、どのように改善するべきかを話し合っていたとします。

そのときAさんが問題提示者であるBさんにこんな質問をします。

「売り手の問題はわかりましたが、それについてお客様はどう感じると思いますか?」

実は、これはメンバーの視点を大きく変える重要な質問です。これまで会議のほとんどを占めていた売り手目線から離れ、お客様目線へと転換したのです。

この質問に対して、他のメンバーは「さて、お客様はどう思うだろう?」と考え始めます。Bさんに向けた質問に反応して、自分の問題としてとらえたためです。

しかし、メンバーに与える影響はそれだけではありません。

「なるほど、お客様目線を忘れていた。お客様目線で考えたら、もっと別の質問があるはずだ」と、新たな着眼点から、別の質問を考え始めるのです。

つまり、AさんがBさんに発した視点を変える質問が、他のメンバーの脳を二重・三重に働かせるのです。

Aさんの視点を変える質問 → ●Bさんは返答を考える
●他のメンバーがBさんと同様に返答を考える
●新しい視点の質問を考える

このような作用は、質問会議ではごく自然な形で、何度も起こります。

特別な働きかけをしなくても、メンバー全員の脳が有機的に動きだし、発想が拡散していく。これも質問会議の大きな特徴なのです。

I think から We think へのダイナミズム

メンバーが有機的にコミットして、それぞれの脳が活性化されていると、1つのスイッチ（質問）によって、たくさんの部分が動きだします。

テーブルの真ん中に1つの大きなスイッチがあって、誰かがそれを押すと、メンバーの脳が一斉に（そして複雑に）動きだすようなものです。

これがチーム脳です。

メンバー全員で1つの脳を形成していて、質問はすべてチームに対して発せられています。形式的には特定の誰かに向けられた質問でも、実際はチーム全体に投げかけられたものなのです。

図表11 I think から We think へ

これは質問に限りません。

提示された問題、返答、情報、考え、解決策など、すべてがテーブルの真ん中に置かれ、チームという1つの脳で考えることで、共有、共感を生みます。

実際、質問会議に慣れてくると、誰から発せられた質問だったか忘れてしまうということがよくあります。

テーブルの真ん中に出された質問が誰のものかはまったく重要ではないからです。というより、テーブルにある質問はすべて「私たちのもの」であって、特定の誰かのものではありません。

「I」でも「YOU」でもなく、「WE」になります。

これが質問会議の醍醐味です。

チームにとってのグッドクエスチョン「共鳴質問」

質問がチーム脳を働かせるスイッチであることを考えれば、みんなで考えるための質問が求められていることはあきらかです。その質問によって、メンバーの脳が一斉に考え始める。それこそが質問会議に最適な質問です。

思考の共鳴が始まる質問に決まった形はありません。

ただ、こういった共鳴質問の特徴は、

- **判断の入らない素直な問いかけ、それゆえに短い問いかけ**
- **前の質問と答えにおける思考の連鎖を受けて、つながる問いかけ**
- **共感をもった問いかけ**

であると言えます。

反対に、自分の考えをくどくど述べたあとで、「それで、この考えについてどう思いますか？」と言うのは、悪い質問と言えそうです。もっとも、このタイプは共鳴質問にはなりえません。

また、自分一人が判断するために情報を集めるような質問もあまりいいとは思いません。チームとしての思考の連鎖が止まってしまいます。上司が部下に向かって「あれはどうなった？」「これは○○したのか？」というような問いかけは、共鳴質問としてあまり機能しません。

共感性のない質問は、ときに糾弾や尋問のような質問になりがちです。つまり、「あなたはどうなんだ」と常に迫っているような質問です。

質問会議を繰り返していると、質問の癖が見えてきます。いつも自分の意見ベースで質問してくる人、視点を変える意識の高い人、基本情報をとても大切に考える人、メンバーの脳を刺激するのが上手な人など、さまざまなパターンがあります。

チームとして「どのようなものがいい質問なのか？」がなんとなく共有されるようになってきて、メンバーの質問の質が高まっていくようになると、質問会議はさらに機能していくように感じます。

4 チーム脳がチーム行動力を生む

大人の学びに不可欠な共有・共感

「どうすれば精力的に部下が動くようになるのか？」

上司ならば、一度は頭を悩ませたことがあるはずです。

では、行動につながるケースとつながらないケースには、いったいどんな差があるのでしょうか。

実は、人間が行動を起こすには、ある重要な要素が必要なのです。

それを理解するためには、「大人の学び方」を知る必要があります。私たち大人が、どのようにして学んでいるかというメカニズムです。

たとえば、同じ「言葉を学ぶ」ということでも、赤ちゃんが言葉を覚えるのとは、大人はまったく別の覚え方をします。赤ちゃんが英語をしゃべれるようになるのと、私たちが英語をしゃべれるようになるために学ぶのとではどう違うのでしょう。

私たちの学びには、自分がすでにもっている情報との結びつきが不可欠です。

大人に「こういう問題は、こんなふうに解決しよう」「こういうやり方を持続することが大切だ」と教えてもそれを実行するとは限りません。大人の学びには、自分の頭のなかで起こる納得感が必要です。「ピンとくる」とか「腹に落ちる」という感触です。

すなわち、共有・共感です。

私たちは、新たに入ってくる情報（ノウハウ、スキル、知識など）をそのまま自分のなかに取り入れているのではありません。情報が入ってくると、まずは過去の経験を振り返ります。過去に学んだ知識、経験した出来事などに照らし合わせて、どれかの要素と結びつくかを検索します。

教えられたノウハウが、過去の失敗と結びついたり、ジグソーパルズのワンピースのように欠落していた部分に新しい知識がピタリと符合したようなとき、大人は納得します。「なるほど、そういうことか」「ああ、そうすればいいんだ」という瞬間です。「新たな情報」が入ってきて、自分のなかで「振り返り」を行ない、その結果として「気づき」が生まれる。このプロセスをしっかり踏んだとき、行動へつながる本当の動機となります。

つまり質問会議の振り返りのプロセスは行動を促すエンジンなのです。

「この会議で決定したことは、職場で実行できそうですか？」

「できないとしたら、どんな障害があるのですか？」

「現場に戻って、まず何をしますか？」

そうたずねると、メンバーはリフレクション（振り返り）を開始します。そして「なるほど、そういうことか」「ああ、そうすればいいんだ」と気づいて行動に移します。

チーム脳が出現しているケースでは共感の度合いも高くなっているので、より強い行動力に結びつきます。

第5章

質問会議が現場を変えた！

1 真の問題を発見できた

提示された問題が真の問題とは限らない

本章では、質問会議を実施し、変化が起こった現場を紹介します。主な効果は以下のとおりです。実際の現場ではこれらの効果が複合的に表れています。

①真の問題を発見することができた
②円滑で安心できるコミュニケーションにより社内が活性化した
③現場の実行力がアップした
④変革リーダーが育成できた
⑤チームの活性化がはかれた
⑥理念の共有がはかれた

まず、真の問題を発見することができたケースを紹介します。
全国にチェーン展開するドラッグストアのケースです。
人事プロジェクトチームが抱えていた最初の問題意識は「入社する新人の数が足りな

い」でした。

チェーン展開しているドラッグストアなので、人員を確保できなければ出店計画を見直さなければならないという深刻な事情がありました。

問題提示者によると、「そもそも応募が少ない」「採用を決定しても入社しない人がいる」「入ってもすぐに辞めてしまう」などの理由で、人員不足に陥っていると言います。

その後、メンバーからさまざまな質問が投げかけられました。

「そもそも、なぜ応募してこないのか？」

「知名度が低くて、魅力がないのだろうか？」

「大学や高校へのリクルート広報は万全か？」

「採用内定者に対して、自社のよさをアピールしたか？　フォローをしていたか？」

「新人が少なくて、一番困っている部署はどこか？」

「なぜ新人が辞めるのか？」

質問を重ねるうちに、別の問題が見えてきました。

「新人が入ってこない」という事態に対し、店舗では、ほとんど危機感をもっていなかったのです。

出店計画に連動した人員計画は、既存店への人員補充とは別に計画されていました。

本当の問題は「新人が入ってこないことに対する危機感が薄く、人員不足に関して会社としてまともな対策を講じていなかった」ことでした。

真の問題が定義されると、セッションは問題解決へと大きく動き始めます。

「事態の重大性を全社意識としてもち、それを現場リーダーに伝えるにはどうしたらよいか？」

「内定者に逃げられないためのフォローはどうするか？」

「もっとPRをするにはどうしたらいいか？」

「入社後の社員育成計画を見直す必要があるか？」

など、問題を明確にしたうえで、具体的な対策の検討が進められました。

視点を変えられるようになる

同様のケースを紹介します。

ある印刷会社では、「デザイナーを採用しても、定着しにくい」という問題に対するセッションが行なわれました。

セッションをする過程で、採用したデザイナーが「自分の考えていた仕事と違う」と言って、辞めていく現実が見えてきました。

そして、再定義された問題は「会社側が欲しい人材を、採用者が理解できていない」というものでした。

会社側が欲しい人材、どんな仕事をしてほしいかを採用時に伝えられていないために、雇用のミスマッチが起こっていました。

この会社では、人員を求めている部署に再度リサーチを実施し、本当に欲しい人材を徹底的に洗いなおすという行動を起こしました。

質問会議は真の問題発見ツールとなります。問題提示者から最初に提示された問題が、再定義されるときにはまったく違うものになっているケースは多いのです。単一の視点からだけでなく視点を変えられるようになると、問題は、最初の姿から本当の姿に変わっていきます。

2 コミュニケーションが活性化した

言いたいことを言える環境、関係性をつくる

「今日は自分たちが抱えている問題を洗いざらい話してくれ」

上司からそう言われて、本音で話せる部下がどれほどいるでしょう。あなたが上司ならば、この質問を試してください。

あなたが部下ならば、本音で話せる信頼できる上司がいるか考えてください。

社内に本音で話せる環境がない。そのことによって壁にぶつかり、仕事に対するモチベーションの低下につながることも多いのです。

この場合、個人の問題というよりも仕事の楽しさを感じられるチームができていないこと、職場のコミュニケーションがうまくとれていないことが問題です。

質問会議によって円滑で安心できるコミュニケーションがはかれたケースです。

大手化学メーカーの工場で質問会議を導入したところ、驚くべき変化が起きました。

この工場では、これまでも従業員から意見を吸い上げようと努力してきました。アン

ケートを実施する、ミーティングを開くなど、さまざまな施策を行ないましたが、うまくいきませんでした。

ところが質問会議を行なうと、膨大な量の不満、問題、悩みなどが集まりました。普段は積極的に話をしない従業員も話をしました。

工場長は、「長年勤務している従業員から、意外な悩みが提出され驚かされた。改めて、考えさせられる機会となった」と話しています。

問題は山積していますが、職場の人間関係の質が改善されたという手応えを感じたようです。

これは質問会議によって、円滑で安心できるコミュニケーションがはかれたからです。安心できる場ができたからこそ、自分の考えが言えたのです。

この組織では、コミュニケーションのよいチームができ、社員は高いモチベーションで、積極的に仕事をするようになりました。その結果、生産性も上がり、会社、社員の双方が大きなメリットを得ています。

チームコミュニケーションの大切さを理解し実践

大手メーカーで従業員の意識調査を行なったところ、社内のコミュニケーションが不足しており、そのことが情報の共有化や、「学び、成長していく場」としての職場の機能を損ね、会社の業績に悪い影響を与えていることがあきらかになりました。

雇用形態の多様化や、1人当たりの仕事量の増加、成果主義人事、情報伝達手段としての電子メールの利用などにより、コミュニケーションの場が失われていたのです。

そこで現場のマネジャーに質問会議を実践してもらうことにしました。

マネジャーを対象にした、コミュニケーションスキル向上のためのプログラムをつくり、そのなかで質問会議も学べるようにしました。マネジャーがそこで学習したことを現場で実践した結果、チームの方向性をメンバーとともに考え、それを業務レベルに落とし込んだり、個々人が抱える課題をチームとして共有することができました。

メンバーからは、

「他人との仕事でのつながりが理解できた」

「現場での組織・コミュニケーションにかかわる課題を共有しながら、部下・メンバーとのチームコミュニケーションの大切さを理解し実践することができた」

「マネジャーとして、相互コミュニケーション実践の必要性を改めて理解した」

などの声があがりました。

個人間だけでなく部署間のコミュニケーションも円滑に

質問会議だからこそ、成り立ったコミュニケーションの例もあります。

ある会社の質問会議はメンバー構成がユニークです。

まず、それぞれの部署で一番大きな問題を決めます。次にその問題について、もっともきちんと説明できる人を選び、その人が別の部署のメンバーで構成されるチームに入ります。

つまり、新たに入ったチームで問題提示者となり、質問会議を行ないます。A部の問題について説明のできるaさんが、B部のメンバーで構成されるチームに入り、質問会議を行ないます。

●問題提示者＝aさん（A部の問題を熟知）

●その他のメンバー（B部の人、A部の問題は知らない）

このチーム構成には、ある仕掛けがあります。

A部の問題によりB部が迷惑を被っているケースがあるのです。普通の会議ではそのような状況で、A部の問題をB部のメンバーが考えることなどないでしょう。むしろ「A部の問題でうちは迷惑している」「なんでA部の問題解決の手伝いをしなくてはいけないのか」と嫌悪感をもつかもしれません。

しかし、実際には、ギスギスした関係にはならず、平和的にセッションが行なわれました。A部の問題が解決することは、B部にとってもメリットがあると気づいたのです。

質問会議を行なうと、別の視点で問題を考えたり、俯瞰的に問題をとらえたりできるので、個人同士のコミュニケーションだけでなく、チームや部署同士の関係改善もはかれました。

質問会議は視野を広げます。役員会議、部長会議など、各部署を代表する人たちが集まる場で大きな効果を発揮するのは、こうした理由からです。

執行役員会議に質問会議を導入した企業の新任の執行役員が、こんなことを言っていました。

「いままでは、自分の部門のことばかり考えていたが、質問会議によって会社全体という視点をもつようになりました。結局はそれが会社のためであり、自分の部署のためでもあるのです」

3 現場の実行力がアップした

問題を共有することで解決策が見つかる

質問会議は、実際の行動につながるというメリットがあります。チーム脳で「本当の問題は何か？」を徹底的に考え、メンバーが納得する形で実現可能な行動計画を立案します。このプロセスを踏んでいれば、着実に行動につながります。

外資系製薬会社では、売上は躍進しているものの、事業環境の著しい変化にキャッチアップするために、本部からの業務プロセスにおける実施要求と、それに対する現場からの報告業務が多大になっていました。

営業現場では、マネジャーもメンバーも本部からの指示をこなすことに忙殺され、自ら考え行動することができなくなっていました。会議も本部からの指令を伝達するためだけの、考えることをしない「ダウンロード型会議」となっていました。

そんななかでの多忙な業務には、やらされている感が漂います。マネジャーもメンバーも疲労しており、メンタルヘルスの問題まで取りざたされるような状況でした。その状況を打破し、自律的に考え行動する元気なチームにすることが急務でした。

そこで質問会議を現場に導入しました。

マネジャーが質問会議の手法を学び、３か月の研修中に自分の課題解決を仲間のマネジャーとともに行ないました。それと並行して、自分の職場でメンバーとともに実務課題に取り組みました。その経験から支援型リーダー像を学び、チームで学ぶスキルを身につけ、チーム、組織に変革を呼び込むリーダーシップを意識するようになりました。

また、各現場でマネジャーが質問会議を用いることで、チームを育成し、周囲を巻き込みながら行なう問題解決の実践力の向上がはかられました。

結果として、リーダーシップ育成と同時に、下記の４つのポイントを中心に、現実の組織課題の解決もはかることができました。

①自部署での早期のチームビルディング
②課題の解決（メンバーの抱える問題解決）
③現場での支援型リーダーシップの発揮（場をつくる）
④マネジャーによる質問や傾聴のスキル開発

停滞していた活動が活性化

現場の声は以下のようなものがあがりました。

「質問会議により、１つの問題点をチームでとらえることができ、解決に向けて質問することでチームが一体となった」

「とかく外的要因のせいにしていたが、実際には内的にも問題点があることに、質問会議によって自然と気づくことができた」

「質問会議を行なうことにより、課員の姿勢が、聞く一方から自分たちで考えようという姿勢に変わった」

「リーダーシップのあり方として、チーム全員で解決していこうという姿勢が重要だと感じた。質問会議中に、問題や内容に入り込めないことにいらだつことはあるが、振り返りやその他の活動でフォローしていくことも可能であることを学んだ」

「できない理由を探すことで営業マンの思考回路はストップしていたが、解決策を行動に移すようになり、販売計画を達成した。わかっていても動かなかった営業マンが、質問会議のなかで危機感をもち活動を強化した」

「前向き集団に変わった。わからないことは自然とチーム内で相談するという環境になり、考える力がついた」

もともと営業職は、一人で外回りをしている時間が長く、問題を自分一人で抱えがちです。

社内で仕事をしている以上に、社会の変化に触れ、たくさんの問題に直面しているのに、それを共有する場所がありませんでした。

質問会議が導入されると、営業担当者の問題が共有され、チームとして改善策を見つけることができました。それまで停滞していた活動が、活性化されるようになりました。

チームの力が大胆な行動を引き出す

質問会議が大きな行動を引き出した事例もあります。

大手電気機器メーカーに、「女性の職場環境を改善する」プロジェクトチームがありました。女性社員数名で始まったプロジェクトですが、活動は停滞していました。

職場環境の改善は難しい取り組みです。大企業にあって、数名で職場環境改善をはかるというのであればなおさらです。彼女たちには日常業務もあり、合間を縫ってプロジェクトを進めるのには相当な苦労がありました。

あるとき彼女たちは質問会議を取り入れ、「なぜ、プロジェクトが前に進まないのか？」を考えました。

するとある問題が浮き彫りになりました。男性管理職へのアプローチが不足しているということです。これまで「女性の職場環境を改善するにはどうしたらいいか？」というフレームを打破できずにいました。

問題が明確になれば、解決策を念頭に置いた質問が次々と浮かんできます。

「男性管理職とは、いったい誰のことなのか？」

「具体的には、どのような行動を起こすべきなのか？」

チームが決定した行動計画は「社長に自分たちの考えをぶつける」というものでした。

男性管理職への取り組みが不足しているなら、トップにいる社長に理解を求めるというストレートな行動計画です。

個人では考えつかない、考えついても決断には至らない解決策ではないでしょうか。しかし、チームの存在が彼女たちを後押ししたのです。

行動の方向が決まり、行動はより具体的になっていきました。

「社長を納得させるプレゼンをするにはどうしたらいいか？」

「自分たちの主張の、どの部分がＰＲ効果が高いか？」

「いつ頃までに、準備を整える必要があるのか？」

「いつ、社長にアポをとるべきか？」

一気に具体性が増し、プロジェクトは急速に動き始めました。

数週間後、プロジェクトチームのメンバーは社長に会い、プレゼンを成功させました。

そしてプロジェクトチームは人事部内の部署に昇格し、活動を続けています。

4 変革リーダーが育成できた

危機意識の共有と会社の変革

大手複写機メーカーでは、シニアマネジャー（部門長クラス）を対象とした「シニア・チェンジマネジメントプログラム」を実施しました。

このプログラムの目的は、シニアマネジャーの意識・行動変革と、その実践です。まず最初に3日間のワークショップを行ない、その後、フォローアップ活動として変革テーマを決めるミーティングを1日実施。さらに、自分たちでイニシアティブをとって検討会を開催し、最後は社長に結果報告を行なうプログラムです。

プログラムの実施期間は約8か月にわたりました。

3日間のワークショップのうち、2日間は自分を振り返りながら変革プログラムを作成します。そして3日目に質問会議を行ないました。

質問会議では、参加者それぞれがもってきた変革テーマを深掘りし、相互に洗練することが目的です。ここで本当にそれが今後、自分が変革のテーマとして実践すべき課題かを、チームの脳を使って考えます。

この3日目では、自分だけで考えていた組織の問題をチームでより深掘りします。すると、ほとんどの問題がより本質に近いものとして再定義され、その問題のシニアマネジメントチームのなかでの共有化と実際の変革行動に対してのサポートがはかれるのです。

次のフォローアップ活動になる質問会議には、順番にですが、28人の役員ほぼ全員が参加しました。

シニアマネジメントチームのなかに役員が入り、質問会議を行ないました。役員は、問題に対して、違う視点をチームに導入し、チームはより活性化しました。

また、同時にインフォーマルな形での役員のサポートも得ることができました。役員となると社内外に広い人脈をもっているので、「あの人を紹介しよう」「あいつのところへ話に行け。俺が電話をしておくから」ということが非公式の形で、かなり起きました。

参加した役員からは、自分も同じ目線で対話に入ることができ、現場の生々しい課題認識と組織が抱える変革テーマの本質を探ることができたことは収穫であった、などの声が相次ぎました。

シニアマネジャーたちは、部署を超えたネットワークのなかで、危機意識を共有し、会社を変革することにコミットし、現実の行動を起こしていきました。また、「初めて仲間ができた」という発言に見られるように、質問会議によって、部門の壁を越えたチーム構築が進み、信頼関係がはぐくまれ、実際の部門での変革活動をサポートする仲間として、活動の後押しがなされました。

5 チーム活性化がはかれた

コーチングの限界を感じる

生保事務センターでは、膨大な事務作業を抱えていることもあり、従業員のモチベーションが非常に低くなっていました。当初センター長は、マネジャーにコーチングの手法を学ばせ、現場で実践させることによって、事態を改善しようとしました。

しかしすぐに問題点が2つあることに気づきました。

1つは効果が一時的である点、もう1つはマネジャー自身が忙しく、従業員全員にコーチングをほどこす時間がないことです。

そこでセンター長は、チームとしてのモチベーション向上が可能であり、しかも現場での継続的な学習に焦点を当てている質問会議に注目しました。

業務に対してのコミットメントが強くなった

質問会議を実践した結果、事務センターは数か月で生まれ変わりました。たとえば従来はただ与えられた業務を行なっていただけの従業員から、顧客宛文書の変更が提案され、そして継続的にこのような変更を担当するチームがつくられました。

センター長は、「いままで顧客視点がなかった事務部門から提案が生まれ、実際に稼働していることがうれしい驚きだ」と言っています。

質問会議によって、信頼関係で結ばれた成果のあがるチームが生まれ、職場にやりがいと活気をもたらすことができました。

質問会議参加者は以下のようなことを話しています。

「問題解決に対して違った視点をもて、真剣に考える姿勢を身につけることができた。そのなかでも、解決策をみんなで行動に移すことができるようになったことが一番の効果だと思う。先導の旗振り役のようなリーダーではなく、ボトムアップ型の職場のリーダーを目指したい」

「同じ問題を同じ視点からメンバーがとらえ、各メンバーの業務課題をチームのものととらえることができた。その根底には思いの共有が存在する」

「業務に対してのコミットメントが強くなった。また、自分の仕事が会社のなかでどんな位置づけなのかが意識され、一人で仕事をしているのではなく、チームでこの業務を行なっていると強く思うようになった。同じ思いを共有しているという信頼感のなかで仕事をすることは心地よい」

6 理念の共有がはかれた

ブランドの伝導者を育成する

大手自動車メーカーで、世界基準の商品として、現状の商品ラインナップとは別に、新しい価値とメッセージをもった商品が日本市場に投入されることになりました。

経営トップは、「最高級ブランド」として育てるために、そのブランド浸透のカギとなるのは、販売の核となる「店長」であると考えました。「店長」は、外に向かってのブランドの体現者であるとともに、そのブランドを内に向かって自組織に伝播していく伝導者である必要もありました。

そのため販売開始1年前から、このブランド戦略を推し進める店長育成プロジェクトが設定されました。

プロジェクトの目的は、①ブランドの体現者であるリーダーを創り出す（伝導者育成）、②支援型リーダーシップの習得、③横断型サポート意識をもったチームの育成の3点です。

さまざまな研修プログラムのなかに質問会議が組み込まれました。その目的は、ブランド理念を浸透させるための研修全体の定着と、ブランドの体現者として、またその伝導師として、支援型リーダーシップを習得することでした。具体的には、前日までのインプット研修（講義や体験型研修）を受けて理念共有に関するテーマを探る、各自の課題解決をはかることの2点に質問会議を利用しました。

組織としての思いを共有する

メンバーからは、

「メンバーを取り巻く環境は異なるが〝同志〟という共通認識と仲間意識を、より一層強く感じた」

「相手を知るための〝聴く〟ということの重要性をより認識した」

「相手のことを理解できなければ質問はできない、質問ができなければ共通の認識・理解は深められないということが理解できた」

「自分だけの目線では、偏りが生じやすく、多面的な物事のとらえ方や判断ができにくいということが、他のメンバーを見ることで痛いほどわかるのに、なかなか他人の考えを受け入れられない。しかし、そのことすらいままで気づかなかった」

などの感想が出されました。

結果的に、質問会議において理念の共有化とリフレクション（振り返り）の時間をもつことによって、他の研修モジュールを含めた統合がはかられ、研修全体の精度が高まりました。

また、研修後の現場調査では、ブランドを体現するのにふさわしい意識を集結できる支援型リーダーシップ能力の育成、行動変容が生じていることが認識されています。

このように、組織リーダーに焦点を当てて、チーム活動のなかに、リフレクションの機会を埋め込むことにより、意識変革を促すことができます。

リーダーとしての個人の変容は、他のメンバーとの相互交渉によって、より促進され、組織としての思いの共有につながっていきます。その場を質問会議は提供することによって、組織そのものの変化を促進しているのです。

あとがき

「ブルドーザーのような仕事ぶり」――これは、外資系金融会社の社長室室長をしていた頃、当時のカナダ人社長が私を評して言っていたことです。

当時の状況を振り返ると、私に対してのほめ言葉ではあるのですが、誰が聞いても含みを感じますよね。

そう、「結果は出るが、周囲があとからついていくのが大変！」といった仕事ぶりということです。

質問会議でのリーダーとは、真逆です。

私自身のマネジメントスタイルを振り返ると、ベンチャー企業（新卒で入社し15年いた会社は、入社当時はベンチャー企業でした）での仕事が長かったこともあり、常に「今日の結果」を出すことにフォーカスをしていたと言えます。

そんな私にとっての質問会議は、出会ったそのときは、不思議メソッドでした（もしかしたら、みなさんにとってもそうかもしれませんね）。実際にやってみると、セッション後は元気になるし、問題解決としての結果もいい。何より1馬力の自分だけでなく何十馬力というチームが味方になった実感。

「いいもの」ではあるのですが、これ何？　どうして？　という感じのものでした。

この本は、そんな不思議のひもときのために書きました。もし、この本を読んで、「よし『質問会議』をやってみよう」と思われたなら、とてもうれしいです。

足掛け3年をかけて本書を書くなかで、私自身リフレクション（振り返り）の機会をたくさんいただきました。この3年は本書を書くうえで必要な時間だったと、いま思います。

この間に、質問会議（アクションラーニング）は、企業、自治体、学校といろいろなところで採用されています。また、たくさんの質問会議のファシリテーター（ALコーチ）を公開講座で、そして組織内でのリーダーとして育成してきました。

そして感じること。

質問会議を行なっている組織は、元気がいいです。そして、チームとしての学び、行動を継続しているのを見ると、確かにこれが「学習する組織」の姿だと思ったりもします。

そして、それをリードしていくのが、私たちと一緒に学んだ人たちであることを見ると、やっぱりなんだかうれしくなります。

本書を書く機会を与えていただき、本当に気長に原稿をお待ちいただきましたPHP研究所編集部の金田幸康さん、また、恩師であるジョージワシントン大学大学院のマーコード先生との出会いとその教えなしには、本書はなかったと思います。

何より、本書を書くにあたって、日本アクションラーニング協会認定ALコーチのみなさんからたくさんの実践、体験談や事例報告などのご協力をいただきました。本当にありがとうございました。

そして、私とともに、一緒に走っているスタッフのみんなに感謝を。

いままでもこれからも、チームとしてずっと走りつづけてくれている、夫と息子にありがとう。

最後になりましたが、この本を読んでくださったみなさん、本当にありがとうございます。

私自身も、実は、ブルドーザーには一人で乗っていません。いまは、みんなで乗っています。そして、みんなで行く、そのあとには道。花が咲いて、たくさんの人が歩いていく道ができたらいいなと思います。

清宮　普美代

2008年晩夏　雷鳴とどろくスコールの東京にて

〈著者略歴〉
清宮 普美代（せいみや ふみよ）
東京女子大学文理学部心理学科卒。ジョージワシントン大学大学院人材開発学修士（MA in HRD）取得。大学卒業後、㈱毎日コミュニケーションズにて事業企画や人事調査等に携わる。数々の新規プロジェクトに従事後、渡米。米国の首都、ワシントンD.C.に位置するジョージワシントン大学大学院マイケル・J・マーコード教授の指導の下、日本組織へのアクションラーニング（ＡＬ）導入についての調査や研究を重ねる。外資系金融機関の人事責任者を経て、㈱ラーニングデザインセンターを設立。国内唯一となるＡＬコーチ養成講座を開始。2008年8月現在、250名強の認定ＡＬコーチを国内に輩出している。また、主に管理職研修、リーダーシップ開発研修として国内大手企業に導入を行ない、企業内人材育成を支援。ＮＰＯ法人日本アクションラーニング協会代表。
e-mail：info@ldcjp.com

〈㈱ラーニングデザインセンター〉
http://www.ldcjp.com
アクションラーニング、質問会議を中心とした人材開発プログラムを組織にあわせて設計、導入を行なう。主に管理職研修、リーダーシップ研修として、国内大手企業をはじめプログラム導入多数。

〈ＮＰＯ法人日本アクションラーニング協会 JIAL（The Japan Institute for Action Learning）〉

http://www.jial.or.jp
アクションラーニング（ＡＬ）コーチの認定、研究発表、書籍出版、カンファレンス開催、ワークショップ運営等の活動を通じて、アクションラーニングの理解とその実際の利用、運用におけるリソースを提供。日本におけるアクションラーニングのリソースセンターとして、アクションラーニングの理解と組織の利用を推進している。

協会公認の講座として、「アクションラーニング基礎講座」「アクションラーニングコーチ養成講座」「シニアアクションラーニングコーチ養成講座」があり、本書で言及している「質問会議」における実践ファシリテーターを育成している。

問い合わせ先：q-kaigi@jial.or.jp

チーム脳にスイッチを入れる！
質問会議
なぜ質問だけの会議で生産性が上がるのか？

2008年10月3日　第1版第1刷発行

著　者　清宮 普美代
発行者　江口克彦
発行所　ＰＨＰ研究所
東京本部 〒102-8331 千代田区三番町3番地10
ビジネス出版部 ☎03-3239-6257（編集）
普及一部 ☎03-3239-6233（販売）
京都本部 〒601-8411 京都市南区西九条北ノ内町11
PHP INTERFACE http://www.php.co.jp/

組　版　有限会社データ・クリップ
印刷所　図書印刷株式会社
製本所　東京美術紙工協業組合

ISBN978-4-569-70289-6